UNIVERSITÉ DE PARIS. — FACULTÉ DE DROIT

# DE L'AMNISTIE

## SPÉCIALEMENT DANS SES EFFETS

### Au point de vue pénal et au point de vue civil

## THÈSE POUR LE DOCTORAT

PAR

Henri CHOMETTE

PARIS

LIBRAIRIE NOUVELLE DE DROIT & DE JURISPRUDENCE

ARTHUR ROUSSEAU, ÉDITEUR

14, RUE SOUFFLOT, ET RUE TOULLIER, 13

—

1898

# THÈSE

POUR LE DOCTORAT

UNIVERSITÉ DE PARIS. — FACULTÉ DE DROIT

# DE L'AMNISTIE

## SPÉCIALEMENT DANS SES EFFETS

### Au point de vue pénal et au point de vue civil

## THÈSE POUR LE DOCTORAT

L'Acte public sur les Matières ci-après sera soutenu le
Vendredi 23 Décembre 1898, à 1 heure

PAR

## Henri CHOMETTE

*Président :* M. LE POITTEVIN
*Suffragants :* { MM. LEVEILLÉ, } *professeurs*
{ LAINÉ, }

## PARIS

LIBRAIRIE NOUVELLE DE DROIT & DE JURISPRUDENCE

ARTHUR ROUSSEAU, ÉDITEUR

14, RUE SOUFFLOT, ET RUE TOULLIER, 13

1898

*A MON PÈRE*

*A MA MÈRE*

*A MA FAMILLE*

# DE L'AMNISTIE

## SPÉCIALEMENT DANS SES EFFETS

### AU POINT DE VUE PÉNAL ET AU POINT DE VUE CIVIL

## INTRODUCTION

Toutes les fois qu'une institution juridique a sa base dans une fiction légale, on doit s'attendre à voir naître de fréquentes difficultés quand il s'agira d'en faire l'application : la cause en est dans l'incessante opposition qui s'établit nécessairement entre la réalité des faits, tels qu'ils s'affirment, et la situation tout artificielle que le législateur lui substitue. Le jurisconsulte trouve dans la conciliation de ces deux aspects d'une même chose une matière digne de ses recherches et c'est là, croyons-nous, une première raison d'étudier l'amnistie. On rencontre dans cet acte une fiction qui fait réputer inexistantes une culpabilité bien établie, une condamnation régulièrement prononcée, mais qui trouve des limites à la puissance de ses effets dans certains faits matériels déjà accomplis.

1

D'autres raisons pourraient être invoquées pour justifier, s'il en était besoin, le choix de cette étude.

D'abord, l'importance du rôle et des effets de cette mesure d'apaisement, qui, le plus souvent, intervient à la suite des luttes de partis. Dans un but d'intérêt général, elle vient imposer l'oubli le plus complet d'infractions à la loi pénale, dont la répression, bien que conforme à la justice, risquerait de compromettre la sécurité publique, en réveillant des passions dangereuses, des sentiments de haine qui n'attendent qu'une occasion pour éclater.

En second lieu, la fréquence des actes d'amnistie en France, résultat presque inévitable des nombreuses révolutions qui y ont successivement déplacé le pouvoir. Car les nouveaux gouvernements ne manquent presque jamais d'amnistier ceux qui ont été condamnés sous le régime précédent pour avoir soutenu leur cause. Lorsque, à leur tour, ils sont l'objet d'agressions de la part des anciens partis et qu'ils en triomphent, ils accordent souvent une amnistie à leurs adversaires, pour désarmer les haines et affirmer leur propre force.

Si, d'autre part, on considère l'amnistie spécialement en tant que cause de cessation des peines, elle présente alors, au point de vue moral et social, l'attachant intérêt que le philanthrope trouve toujours à l'examen des questions de cette nature.

Enfin, l'amnistie appartient à cette catégorie d'institutions qui n'ont pas été systématisées dans notre droit français. On en chercherait vainement la réglementation dans nos codes (1). Le seul texte d'un caractère général, se rapportant à la matière, est l'article 3 de la loi du 25 février 1875, qui s'occupe uniquement du pouvoir dispensateur de l'amnistie. « Les amnisties ne peuvent être accordées que par une loi ». Le législateur a sans doute pensé qu'il était impossible de limiter *a priori*, par des textes précis, les effets de ce droit de la souveraineté. On ne saurait lui en faire un reproche. Il est bon de ne pas enfermer dans des règles uniformes et toujours inflexibles une institution qu'il appartiendra à une politique habile d'adapter à des circonstances aussi variées qu'imprévues. Mais le silence de la loi, s'il se justifie aisément, n'en n'amènera pas moins, lorsque la rédaction de l'acte d'amnistie sera obscure ou incomplète, des difficultés d'interprétation qu'on ne saurait vaincre sans avoir au préalable établi, à l'aide de la doctrine et de la jurisprudence, une théorie complète de l'institution. C'est là l'intérêt pratique de notre travail,

Nous nous attacherons tout particulièrement à étudier l'amnistie dans sa forme juridique moderne, pro-

(1) Les codes étrangers qui renferment des dispositions spéciales à l'amnistie sont fort rares. Nous citerons le code pénal de l'Italie, du 30 juin 1889, promulgué le 1ᵉʳ janvier 1890, dont les articles 86, 87 et 103 s'occupent de l'amnistie. De même, le projet revisé de code pénal, pour l'empire du Japon, par M. Boissonnade, traite de l'amnistie dans les articles 5, 76, 77 et 109.

fondément distincte des autres modes de clémence admis par notre droit pénal. Nous chercherons à en constituer la théorie en montrant successivement quelle est sa nature, par quel pouvoir elle est accordée, quels effets elle produit et quelles difficultés naissent de son application. Mais, persuadé que, pour bien saisir l'esprit d'une institution, il est nécessaire d'en connaître l'histoire, nous jetterons auparavant un coup d'œil rapide sur les origines de l'amnistie et sur son passé. Toutefois, il n'est pas dans notre pensée de nous livrer à un exposé historique approfondi. L'objet principal de ce travail est tout autre et nous n'aurons recours à l'histoire que pour mieux éclairer certaines parties de notre étude.

# PREMIÈRE PARTIE

## HISTORIQUE DE L'AMNISTIE

Nous allons parcourir l'histoire de l'amnistie : 1°) dans les législations de la Grèce et de Rome ; 2°) dans l'ancien droit français jusqu'à la Révolution ; 3°) depuis la Révolution jusqu'à nos jours.

## CHAPITRE PREMIER

### DE L'AMNISTIE DANS LES LÉGISLATIONS DE LA GRÈCE ET DE ROME

L'histoire d'Athènes nous offre déjà plusieurs exemples d'amnisties. Lorsque la République est menacée d'un grand danger, pour augmenter le nombre des défenseurs de la cité et pour ramener la concorde, on rappelle les exilés et on réhabilite les condamnés par une mesure collective ; de même, on suspend les procédures et on fait remise des peines. C'est bien le caractère politique qui domine dans ces mesures. Selon Valère Maxime (1), Thrasybule, après avoir délivré Athènes des trente tyrans, pour éviter à leurs partisans les cruelles représailles dont ils étaient menacés, fit voter par le peuple une loi célèbre, dite αμνηστια, qui décrétait l'entier oubli du passé. Aussi Cornelius Nepos, dans la vie de Thrasybule, appelle-t-il cette mesure *lex oblivionis*. Ce nom d'αμνηστια subsistera dès lors pour désigner dans les législations postérieures une certaine cause de cessation des peines. Plutarque rapporte que l'un des premiers actes de Solon fut d'ordonner la mise en liberté d'un certain nombre de citoyens condamnés pour dettes à l'esclavage (2). Il y eut pareillement, à la suite d'une insurrection à Samos, une amnistie accordée par le parti vainqueur à la plupart des coupables (3). Nous ne parlons ici que des mesures d'indulgence collectives, qui seules nous intéressent, mais les Athéniens connurent aussi les grâces individuelles.

Si la législation romaine tire son origine du droit hellénique, comme on l'a prétendu, on voit qu'elle a trouvé dans ce dernier le principe de la cessation des peines connu et appliqué ; elle n'a eu qu'à se l'adapter et à le façonner au génie de sa nation.

(1) Val. Max., liv. IV, ch. 1ᵉʳ, nᵒ 4.
(2) Plut. *Solon*, 20.
(3) Thuc. VIII, 74.

A Rome, si l'on en croit l'historien Denys (1), la théorie pénale de l'indulgence aurait été connue déjà sous les rois. Nous lisons dans un passage de cet auteur que Metius Suffetius proposa aux Romains une amnistie en faveur des bandits Albains qui, sur les conseils de Cluilius, avaient dévasté les terres romaines ; Tullus Hostilius, ajoute l'historien, décida, en vertu de l'*imperium*, que les coupables ne seraient pas livrés et que le passé serait enseveli dans l'oubli.

Sous la République, la première amnistie est accordée par les Consuls, en vertu des pouvoirs spéciaux que le Sénat leur avait conférés, à tous les citoyens ayant pris part à la conspiration formée pour le rappel de Tarquin, sous la condition de rentrer à Rome dans les vingt jours à partir du décret (2). En général, sous la République, l'amnistie était accordée par un sénatus-consulte que le peuple ratifiait dans ses comices.

Quand les plébéiens et les soldats, irrités contre les décemvirs, se furent retirés sur le Mont-Sacré, on les vit imposer, plutôt que demander, un pardon général pour tous les incitateurs de la révolte (3). C'était l'insurrection triomphante qui s'amnistiait elle-même. Plus souvent, l'amnistie était octroyée par le pouvoir régulier à une insurrection vaincue, qui aurait pu puiser de nouvelles forces dans la répression. Ainsi,

(1) Denys, III, 8.
(2) Denys, V, 9, 11, 13.
(3) Tite-Live, liv. III, 53 et 54.

au milieu de la guerre contre les Samnites, une amnistie fut votée par le peuple, sur la proposition du dictateur et avec l'assentiment du Sénat, en faveur des soldats de la garnison de Capoue, qui s'étaient révoltés (1). Après la seconde guerre punique, dans le dessein de prévenir des troubles et d'isoler Annibal, le Sénat accorda une amnistie aux peuples de l'Italie qui avaient soutenu les Carthaginois et abandonné la cause de Rome (2).

Mais l'amnistie la plus célèbre de la période républicaine est, sans le moindre doute, celle que le Sénat vota en faveur des meurtriers de César, sur la proposition de Cicéron (3). On n'eut pas recours cette fois à la sanction populaire, tellement cette mesure était, aux yeux de tous, nécessaire au salut de l'État. Dans la première Philippique, l'orateur rappelle avec complaisance que cette *lex oblivionis* est due à son initiative; il compare son rôle, dans cette circonstance, à celui de Thrasybule après la chute des trente tyrans.

Sous l'Empire, ce n'est plus le Sénat qui décrète l'amnistie; c'est l'empereur, en vertu de ses prérogatives souveraines, et l'on ne peut s'empêcher de constater qu'il fait un usage très large de ce droit. Caligula, avide de popularité, arrête toutes les poursuites en cours pour les crimes antérieurs à son avène-

---

(1) Tite-Live, liv. VII, 41.
(2) Appien, III.
(3) Appien, *bell. civ.* III, 2. Plutarque, *César.*

ment au trône (1). Après le meurtre de Caligula,
Claude suit cet exemple en proclamant l'oubli de tous
les faits commis en vue de rétablir la République (2).
L'empereur Aurélien, malgré sa sévérité habituelle,
fit publier, après sa victoire sur Zénobie, en l'an 1027
de Rome, une amnistie de tous les délits publics (3).
Quelquefois, les empereurs arrêtaient les procédures
criminelles par des motifs de cupidité, pour faire
acheter le pardon aux accusés.

Nous pourrions citer beaucoup d'autres exemples
d'amnistie. Mais il nous paraît plus intéressant de
rechercher un instant quelles différences juridiques
existaient à Rome entre cette institution, si voisine
de l'amnistie moderne par son rôle et ses effets, et les
autres modes de clémence admis dans la législation
romaine.

Quoi qu'en aient dit certains auteurs, il faut se
garder de confondre l'*amnestia* ou *oblivio in perpetuum*
avec l'*abolitio generalis*.

L'*abolitio generalis* n'a d'effet que sur l'accusation.
Elle ne peut intervenir utilement qu'après le commencement de la procédure et tant que la condamnation
n'a pas été prononcée. Au contraire, le domaine de
l'*amnestia* n'est pas limité.

D'autre part, l'*abolitio* n'efface pas le crime puis-

(1) Suétone, *Caligula*, 15.
(2) Suétone, *Claude*, 11.
(3) Flavius Vopiscus, *Vie d'Aurélien*, 39.

qu'elle n'empêche pas d'intenter de nouvelles poursuites dans des conditions déterminées. La loi pénale n'est que provisoirement suspendue. Après les réjouissances qui avaient motivé cette mesure, l'accusation pouvait être reprise, pourvu qu'on fût encore dans un délai de trente jours utiles, délai qui courait du jour même de la fête. En réalité, l'*abolitio* offrait seulement à l'accusé, outre une liberté provisoire pendant un certain temps, la chance d'une libération définitive, résultant d'une courte prescription ; ce n'était qu'une suspension de procédure, dont l'effet définitif était subordonné au bon vouloir de l'accusateur. Par l'*amnestia*, tout disparaît : les poursuites, les condamnations, les infractions elles-mêmes ; c'est véritablement l'entier oubli du passé. Nous n'admettons pas l'opinion d'après laquelle cette mesure laissait subsister l'infamie. Ce serait attribuer au droit romain un contre-sens que la rectitude de sa langue et de ses principes ne permet pas de lui imputer. Le peuple romain n'aurait pas donné le nom d'*amnestia* ou d'*oblivio in perpetuum* à une institution ne répondant pas fidèlement au sens de ces mots.

Enfin, tandis que l'*amnestia*, destinée à prévenir une sédition ou à y mettre fin, constitue essentiellement une mesure politique, l'*abolitio*, ordinairement accordée pour fléchir les dieux par une réconciliation générale et par la participation de tous les citoyens aux *feriæ*, a surtout un caractère religieux.

Ainsi, l'*amnestia* se distinguait de l'*abolitio*, à la fois par un champ d'application plus vaste, des effets plus étendus et un but tout différent. Si l'amnistie de notre ancien droit s'est appelée, pendant longtemps, *abolition générale*, il ne faut pas en conclure qu'elle tire ses origines de l'*abolitio* romaine ; il ne faut voir entre ces deux institutions qu'une simple ressemblance de nom.

On a prétendu aussi que l'*amnestia* ne formait avec l'*indulgentia generalis* qu'une seule et même cause de cessation des peines. Il nous semble difficile d'admettre cette théorie. Ce mode de clémence, qui apparaît sous l'Empire et qui n'est peut-être que le développement, dans les mains de l'empereur, de l'*intercessio* des tribuns, ne peut intervenir qu'après la condamnation prononcée et il laisse subsister en principe toutes les incapacités dont le condamné a été frappé ; c'est une remise pure et simple de la peine ; toutes les autres conséquences de la condamnation subsistent. L'*indulgentia* est donc plutôt l'origine de la grâce moderne.

Enfin, l'*amnestia* différait de la *restitutio in integrum* ou *restitutio damnatorum*, sorte de réhabilitation, en ce que cette dernière mesure était individuelle et qu'elle ne pouvait intervenir que lorsque la peine avait été prononcée.

Si l'on se place sous l'Empire, on éprouve une grande difficulté à retrouver, aussi nettement distincts, les caractères propres de chacune de ces formes de clémence. Il arrive une période où, grâce à l'omni-

potence de l'empereur, entre les mains duquel tous les
droits et tous les pouvoirs tendent à se concentrer, la
confusion s'établit entre ces diverses institutions, mo-
difiées sans cesse et appliquées arbitrairement selon
les caprices d'une volonté qui s'affranchit de toute
règle.

# CHAPITRE II

Les actes de clémence et, en particulier, les actes
d'amnistie ne furent pas inconnus dans les premiers
temps de la monarchie franque, bien que le principe
même du droit pénal, qui, à cette époque, reposait
sur l'idée de vengeance privée, dût nécessairement
s'opposer au développement de semblables mesures.
La partie lésée avait seule le droit de réclamer
l'application d'une peine ; seule aussi, elle avait le
droit d'accorder le pardon. Ce n'était que lorsque l'infraction commise portait atteinte à l'ordre public et
au pouvoir légalement établi, comme dans les cas de
haute trahison, de lèse-majesté, de sédition, que les
représentants de l'autorité, autrement dit, les rois
Francs, avaient le droit de faire remise des pénalités
prononcées contre les coupables. De plus, à ce moment, l'état d'anarchie du pouvoir, état qui se pro-
longe jusqu'à la fin de la féodalité, met obstacle à l'introduction des actes de clémence et à leur réglementation. Tant que dure cette situation, tant que la sou-

veraineté est partagée entre le roi et les seigneurs, le droit de clémence, comme le droit de justice lui-même, auquel il est étroitement uni, ne peut s'établir ni s'organiser.

Les historiens mentionnent des exemples d'amnistie sous les Mérovingiens et sous les Carlovingiens. En l'année 574, Sigdebert, roi d'Austrasie, sur la demande de son frère Chilpéric, accorde un pardon général aux villes de Tours, Poitiers, Limoges et Cahors qui se soumettaient à lui (1). Un peu plus tard, en 582, à l'occasion de la naissance de son fils Théodoric, Chilpéric délivre tous les prisonniers et fait remise des amendes encore dues au fisc (2) ; c'était un souvenir des abolitions impériales *ob natalia*. Charles, Lothaire et Louis signent en 851, à Marsen-sur-Meuse, une convention par laquelle ils accordaient un pardon général à leurs ennemis réciproques. Nous trouvons une amnistie de même nature dans le capitulaire de Conflans qui réglait les conditions de la paix entre Charles-le-Chauve et Louis-le-Germanique (860) (3). En 856, une amnistie conditionnelle est promise aux sujets coupables d'infidélité qui avoueront leur crime avant d'avoir comparu en justice.

Il faut sortir du chaos de cette époque pour pouvoir

(1) Grégoire de Tours, IV, 50, Augustin Thierry, *Deuxième récit des temps mérovingiens.*

(2) Grégoire de Tours, VI, 23.

(3) Baluze, *Capitularia regum Francorum*, t. II, p. 45 et 137.

déterminer, avec plus de précision, les formes, les conditions et les effets de la clémence souveraine.

Les lettres de rémission ou d'abolition générale sont de véritables amnisties.

La rémission générale est obtenue par une province, une commune ou un parti, après une guerre, un soulèvement, ou bien pour toute une classe de prisonniers à l'avènement du roi, à sa première entrée dans une ville ou encore à certains anniversaires religieux.

La lettre de rémission est signée ou confirmée par le roi, en son conseil; une ordonnance de 1359 fait même de cette délibération du conseil une condition essentielle de la validité de la lettre. Voici les éléments dont se compose, en général, l'acte royal : 1° l'énumération des crimes, délits et maléfices commis contre le roi ou ses sujets; 2° les motifs qui déterminent le roi à préférer « miséricorde à rigueur de justice »; 3° la formule de rémission; 4° la clause qui réserve tous les droits de la partie civile; 5° la liste des criminels exceptés; 6° l'ordre donné aux officiers royaux de publier la lettre : 7° enfin la date, le sceau et la liste des gens du conseil (1).

Comme l'amnistie, la rémission générale anéantit les condamnations prononcées et interdit toute poursuite nouvelle à raison des crimes que le roi veut oublier. Mais il semble bien que ceux qui étaient com-

---

(1) *Ordonnances*, t. III, p. 407 ; t. IV, p. 436. — *Recueil des monuments de l'histoire du Tiers-Etat*, I, 586.

pris dans cette amnistie devaient déclarer judiciaire-
ment s'ils voulaient s'en prévaloir et réclamer la délivrance d'une copie de la lettre qui assurait l'impunité,
délivrance qui leur était faite moyennant le paiement
d'une certaine somme au Trésor (1). Cette exigence,
destinée à assurer le paiement du droit de scel établi
pour les grâces, présentait exclusivement les caractères d'un procédé fiscal. Elle nous explique les nombreuses lettres de rémission individuelle qui rem-
plissent les actes de Charles V et qui suivent toujours
la publication d'une rémission générale, accordée précisément à raison des mêmes faits (2).

Quelquefois, après leur publication, les lettres de
rémission générale étaient saisies et le roi en suspen-
dait l'effet ; mais cela n'arrivait qu'exceptionnellement.
L'histoire municipale d'Amiens nous offre un exemple
assez curieux d'une pareille révocation. En septembre
1358, les habitants d'Amiens avaient obtenu du dauphin
Charles une rémission par laquelle il promettait d'oublier leur trahison, leur alliance avec le roi de Navarre,
avec Étienne Marcel et la Jacquerie. Mais cet acte de
clémence n'ayant point réussi à rallier Amiens à la
cause du Régent et les bourgeois ayant conspiré de
nouveau, Guy de Châtillon, lieutenant pour le roi dans

(1) *Ordonnances*, t. III, p. 407 ; t. IV, p. 346. — *Anciennes lois
françaises*, t. V, p. 502.
(2) *Ordonnances*, t. III, p. 407. — *Actes de Charles V*, p. 104, 112,
868, 869, 870, 878, 924.

la Picardie, saisit les lettres de rémission que le roi avait accordées deux mois auparavant et il ne leur rendit leur plein et entier effet qu'après plusieurs exécutions. A la même époque, à la suite de la chute d'Étienne Marcel, des lettres de rémission générale furent signées en grand nombre au profit des villes qui s'étaient compromises . dans la lutte contre le Dauphin.

A partir de Charles VI, on trouve une nouvelle forme de lettres : les lettres d'abolition générale ou individuelle. Dans le principe, les lettres de rémission avaient pu être employées à l'égard de n'importe quelles infractions. Mais, avec la renaissance des études du droit romain, on finit par en exclure les crimes qui jadis ne pouvaient pas disparaître par suite d'une *indulgentia generalis*. Les rois déclarèrent dans leurs ordonnances qu'ils n'accorderaient plus de lettres de rémission aux coupables prévenus de grands crimes « assassinats, guet-apens et autres cas atroces ». Seulement, gênés dans maintes circonstances de ne pouvoir mettre à couvert des peines les gens coupables de délits qualifiés irrémissibles, ils créèrent une nouvelle forme de lettres : les lettres d'abolition générale ou individuelle, pour les cas où les lettres de rémission ne pouvaient être accordées.

Les lettres d'abolition générale ne différaient guère des lettres de rémission que par le nom. Elles étaient signées par le roi dans les mêmes circonstances ; l'on

2

y retrouvait les mêmes éléments et elles produisaient
les mêmes effets. Le seul changement consistait dans
l'insertion du mot « abolissons », terme énergique,
exprimant parfaitement les caractères d'une mesure
d'amnistie (1). Peut-être cependant n'exigeait-on plus
une déclaration de ceux qui voulaient se prévaloir de
l'abolition ; pourtant celle-ci n'avait pas encore le
caractère obligatoire de l'amnistie moderne (2). L'acte
royal contenait presque toujours des exceptions, les
unes portant sur les personnes « Toutes voies nostre
intencion n'est pas que en ceste présente abolission
soient compris Helyen de Jacqueville, etc... » (3), les
autres portant sur certains crimes particulièrement
atroces, l'hérésie par exemple ou les délits préjudi-
ciables au Trésor royal (4).

Très souvent les abolitions générales étaient conditionnelles. Ainsi, après l'insurrection des Maillotins,
Charles VI promit, dans l'abbaye de Saint-Denis, aux
envoyés de Paris de tout pardonner aux Parisiens s'ils
consentaient à verser au Trésor la somme de cent
mille livres (5). Les conditions étaient presque toujours fort onéreuses. C'était un procédé ingénieux
pour enrichir le fisc que de faire acheter à prix d'argent
la fin des supplices. Aujourd'hui, de pareils expédients

(1) *Ordonnances* X, 163.
(2) *Anciennes lois françaises*, X, 509.
(3) *Ordonnances* X, 163, *Anciennes lois françaises*, X, 527.
(4) *Ordonnances* XI, 131, XIV, 16, 18, XVIII, 149.
(5) Juvénal des Ursins.

révolteraient la conscience publique. On les trouvait tout naturels au xv<sup>e</sup> siècle (1). Charles VII imposa aux Bordelais qui sollicitaient une abolition, après la défaite des habitants de la Guyenne, le paiement d'une amende de 100,000 écus d'or (2). Louis XI, pour rompre la ligue du Bien public, eut aussi recours à une abolition conditionnelle, mais il se montra plus généreux ; il promit entier pardon à tous ceux qui, dans un mois, abandonneraient le parti de Charles de France, duc de Berry.

Après l'institution des lettres d'abolition, les lettres de rémission devinrent de pures lettres d'excuses pour les délits dits rémissibles, données lorsque les circonstances particulières du fait en effaçaient ou en diminuaient la criminalité ; si un homicide, par exemple, avait été commis involontairement.

De nombreuses abolitions sont accordées au xvi<sup>e</sup> siècle, au cours des luttes religieuses, dans les édits de pacification octroyés par la Cour aux hérétiques (3). A plusieurs reprises, les États généraux réclament des lois d'oubli, notamment en 1560, à Orléans (4) et à Pontoise (5). L'année suivante, Charles IX signa l'édit d'Amboise accordant abolition générale (6). Les États

---

(1) *Ordonnances*, XIV, 16, 18.
(2) *Archives de Bordeaux, Privilèges*, 243.
(3) *Anc. lois franç.*, XII, 405 ; XIV, 22, 24, 69, 99 ; XV, 170.
(4) M. Arthur Desjardins, *États généraux.*
(5) Pontoise, 1560, *Cahier du Tiers*, art. 5.
(6) *Anc. lois franç.*, XIV, 135.

de Blois de 1576 réclament une loi d'oubli pour tous
les habitants du royaume et obtiennent le sixième édit
de pacification, dont les articles 1 et 4 proclamaient
une nouvelle amnistie. Enfin, lorsqu'Henri IV voulut
rétablir dans son royaume l'ordre religieux et civil, il
eut recours à des mesures de clémence très générales.
La plus célèbre est l'édit sur la réduction de Paris,
signé le 28 mars 1594 ; il accorde l'abolition la plus
entière pour tout ce qui s'est passé dans l'ordre politique, sous la condition que les habitants prêteront
serment de fidélité au roi. Toutes les villes qui se sou-
mirent après Paris obtinrent de pareilles abolitions et
l'amnistie eut raison des derniers efforts de la Ligue (1).

Dès la première moitié du XVIIe siècle, les inter-
prètes et les actes royaux donnent fréquemment à
l'abolition générale le nom d'*amnistie* (2). Cette expression est du XVIe siècle. Nous la trouvons employée par
Rabelais, mais elle ne passe que plus tard dans la
langue juridique.

L'ordonnance de 1670 sur la procédure criminelle
est le premier document officiel qui consacre la distinction entre le droit d'amnistie et le droit de grâce.
En effet, elle réglemente avec soin toutes les lettres de
grâce et garde le silence sur l'abolition générale ou
amnistie, sans doute parce qu'elle ne formulait que des
règles de procédure et que l'amnistie, par sa nature,

(1) Vᵉ Poirson, *Histoire du règne de Henri IV.*
(2) *Archives municipales de Bordeaux, Privilèges.*

semblait devoir échapper à ces règles. Les commentateurs de l'ordonnance observent avec soin la distinction établie indirectement par elle entre ces deux institutions (1).

Les amnisties principales de Louis XIV ont été octroyées après la Fronde et après la guerre civile qui éclata entre le duc d'Epernon et le Parlement de Bordeaux (2). Mentionnons une amnistie de 1698, accordée aux faux sauniers du royaume. On y relève cette disposition assez curieuse que « si les amnistiés venaient dans la suite à reprendre le faux saunage, ils seraient réputés avoir récidivé et punis comme récidiveurs ». A cette époque, l'amnistie est accordée par un édit publié après avoir été enregistré par le Parlement.

Les amnisties du xviiie siècle concernent les Jansénistes et les Molinistes, les ouvriers en soieries de Lyon qui s'étaient insurgés en 1749, les Forbans « qui commettaient journellement dans les mers des Indes-Occidentales différentes pirateries et voleries », et surtout les déserteurs. A ces derniers on accordait généralement une amnistie après une guerre ou à la veille d'une campagne.

Nous devons faire ici deux observations. D'abord, on admettait généralement que les amnisties publiées

(1) Rousseau de Lacombe, *Matière criminelle*, ch. XIV, n° 22. — Jousse, *Traité de la justice criminelle*, II, n° 78. — Muyart de Vouglans, 3ᵉ partie, ch. XIV, p. 104.

(2) *Archives de Bordeaux, Anciennes lois françaises*, XVII, p. 206, 296. ; XVIII, 438.

après une révolte ne s'étendaient point aux crimes atroces, déclarés par les lois crimes irrémissibles, à moins qu'ils n'y fussent expressément compris. Ensuite, le nom d'amnistie s'appliquait aussi à des décharges de comptes, accordées par le roi à des officiers ou à des particuliers pour droits du roi non payés (1).

On ne peut s'empêcher de remarquer, en terminant cette seconde période, combien peu l'institution de l'amnistie a varié depuis ses origines. Tous les changements de législation portent presqu'exclusivement sur la grâce, sans doute parce qu'étant moins nécessaire que l'amnistie, elle laisse plus de place à l'arbitraire.

(1) V. Denizart, art. *Amnistie.*

# CHAPITRE III

L'article 13 du Code pénal de 1791 qui, conformément aux vœux des États d'Orléans, de Blois, de
Paris et des électeurs de 1789, supprimait les lettres
de grâce individuelle, laissait subsister au contraire
l'amnistie générale, consacrant ainsi de nouveau sa
récente séparation du droit de grâce. Il est vrai que
l'article 13 du Code pénal de 1791 contenait l'interdiction des lettres d'abolition, sans distinguer entre
l'abolition individuelle et l'abolition générale. Mais il
faut entendre ces mots d'après le sens qu'ils avaient
dans l'ordonnance de 1670. Or nous savons qu'ils dési-
gnaient plus spécialement les abolitions individuelles
et que les abolitions générales, c'est-à-dire, les amnisties, n'étaient point réglementées par l'ordonnance.
L'heure n'était point venue d'abolir une institution
si nécessaire dans les temps de discordes civiles, et
dont les assemblées révolutionnaires furent les premières à faire un large usage. Seulement, dans la nouvelle constitution, le droit d'amnistie est exercé par le
pouvoir législatif, sans que toutefois il y ait à cet égard
une disposition expresse.

Nous nous permettrons de constater que l'amnistie ne fut pas accordée toujours avec discernement à l'époque révolutionnaire. Elle profita plus aux oppresseurs qu'aux opprimés et elle intervint trop souvent pour excuser d'horribles attentats qu'on appelait « actions patriotiques ».

La série des amnisties révolutionnaires s'ouvre en 1789, à l'occasion des nombreuses insurrections qui ensanglantaient alors les provinces du Midi. A ce moment, le roi signe encore l'abolition, mais c'est l'Assemblée qui la lui dicte. Des bandes terrifiaient le Languedoc et le Périgord. Le Parlement de Bordeaux, qui avait cru à la nécessité d'une répression, est réprimandé et reçoit l'ordre d'arrêter l'exécution de tous les jugements prononcés et d'interrompre toutes poursuites relatives aux derniers troubles (1). On montre encore une indulgence coupable à l'égard des dégâts et voies de faits commis dans les départements de l'Ille-et-Vilaine, de la Loire-Inférieure et du Morbihan (2). L'Assemblée législative fait preuve d'une faiblesse non moins grande. Les émeutes ne donnent plus lieu à aucune information et, si par hasard des condamnations ont été prononcées, elles sont presque toujours réformées.

L'amnistie la plus générale, la plus politique et la plus opportune des premières années de la Révolution

(1) *Moniteur* du 4 mars 1790.
(2) Duvergier, *Décret des 5-10 août 1790.*

est assurément celle que l'Assemblée nationale vota le 14 septembre 1791, sur la proposition de Lafayette et d'après la rédaction de Beaumetz, dans la séance où Louis XVI vint renouveler son acceptation de la Constitution (1). Il y est dit que « toutes procédures instruites sur des faits relatifs à la Révolution, quel qu'en soit l'objet, et tous jugements intervenus sur semblables procédures sont irrévocablement abolis » (2). De plus, une amnistie générale est accordée à tout homme de guerre prévenu, accusé ou convaincu de délits militaires, à compter du 1er juin 1789. Mais la Convention nationale, interprétant ce décret, alla trop loin en déclarant, le 22 août 1793, « que l'abolition de toutes procédures instruites sur des faits relatifs à la Révolution, quel qu'en puisse être l'objet, et de tous jugements intervenus sur semblables procédures, comprend les actions civiles et privées, comme les poursuites purement criminelles ». C'était porter aux droits des tiers une atteinte injuste et ignorée sous l'ancien régime ; c'était créer un précédent des plus funestes, mais qui, heureusement, n'a jamais été suivi depuis.

La Convention décrète un grand nombre d'amnisties à l'occasion d'insurrections « ayant pour cause les ci-devant droits féodaux » ou provoqués par les accaparements de denrées et d'insurrections militaires « par

(1) *Collection Baudoin*, t. XVIII.
(2) *Moniteur* des 15 et 16 septembre 1791.

l'effet des trahisons des généraux, depuis la Révolution ». Généralement, le décret excepte « les crimes
d'incendie et de meurtre » et « les faits de roya-
lisme » (1). Cependant, le 2 décembre 1794, la Convention offre une amnistie aux rebelles de la Vendée
et aux Chouans qui déposeront les armes dans le délai
d'un mois. Cette mesure avait été provoquée par un
*Exposé collectif* de quelques-uns des députés des
départements insurgés. On n'avait pu triompher de
l'insurrection royaliste par les colonnes infernales ; on
voulait s'en rendre maître par la promesse de l'impunité. Un nouveau décret du 18 janvier 1795 étendit le
bénéfice de l'amnistie du 2 décembre 1794 aux personnes condamnées pour avoir pris part à la campagne
royaliste de l'Ouest.

Les amnisties du Directoire, qui excluaient les
chouans ou rebelles et les émigrés, manquèrent d'efficacité (2).

Le gouvernement consulaire arriva enfin pour effacer tant de ruines et mettre un terme à cette proscrip-
tion générale. Des décrets du 28 décembre 1799 et du
13 août 1800 accordèrent amnistie entière et absolue
aux habitants des départements de l'Ouest pour tous
les événements passés (3). Deux ans après, un sénatus-
consulte du 6 floréal an X prononçait l'amnistie pour

(1) Décrets des 11 février 1793, 29 novembre 1793, 18 janvier
1795.
(2) Décret du 28 novembre 1795.
(3) Décrets des 7 nivôse, 14 ventôse, 15 thermidor an VIII.

faits d'émigration en faveur de tout individu qui en
était prévenu, à la charge de rentrer en France dans
un certain délai. Une disposition formelle de ce sénatus-consulte mettait les amnistiés, pendant dix ans,
sous la surveillance spéciale du Gouvernement.

Le sénatus-consulte du 16 thermidor de l'an X,
organisant les pouvoirs des consuls, avait rétabli le
droit de grâce sans parler du droit d'amnistie. Cette
dernière prérogative aurait donc dû rester dans les
attributions du pouvoir législatif qui l'exerçait depuis
1791. Mais Napoléon s'en empara. A l'occasion de son
avènement à l'Empire, il signa, le 2 juin 1804, un
décret contenant « des actes d'indulgence et de bienfaisance » parmi lesquels nous trouvons une amnistie
aux sous-officiers et soldats des troupes de terre et de
mer, déserteurs à l'intérieur, avec « remise de l'amende
encourue par eux ou leurs pères et mères ». Le 25 mars
1810, abolition de même nature à l'occasion du mariage de Napoléon. Puis, le 24 avril 1810, un décret
d'une importance politique plus considérable portait
amnistie en faveur des Français entrés au service des
puissances continentales.

En 1815, lorsque Napoléon rentra en France, il fit
insérer dans l'Acte additionnel aux Constitutions de
l'Empire, un article ainsi conçu : « L'Empereur a le
droit de faire grâce, même en matière correctionnelle
et d'accorder des amnisties » (1). C'était montrer un

(1) Article 57 de la loi du 22 avril 1815.

scrupule bien tardif au sujet de la légalité des actes
d'oubli signés par le chef de l'État, sans la participation du pouvoir législatif.

Le retour de Louis XVIII emporta l'Acte additionnel et restaura la Charte de 1814, qui reconnais-
sait expressément au roi le droit de grâce et gardait le
silence sur le droit d'amnistie. Mais ce privilège ne
fut jamais contesté, en fait, à la Royauté pendant toute
la Restauration. Les amnisties de cette époque sont
octroyées par des ordonnances.

Une seule, à la date du 12 janvier 1816, accordée à
« ceux qui directement ou indirectement ont pris part à
la rébellion et à l'usurpation de Napoléon Bonaparte »
est contenue dans une loi. La discussion des Chambres
nous donne la raison de cette exception. « Le roi, dit
« M. Siméon, tout en déclarant par la bouche de ses
« ministres que le droit d'amnistie est inhérent à la
« souveraineté, a voulu associer la représentation
« nationale à ce grand acte de pacification et de bien-
« faisance et nous faire partager les bénéfices que
« la sécurité, qu'il va rendre à un grand nombre de
« familles, a déjà fait éclater de toutes parts ». Tous
les orateurs font remarquer que le roi n'entend nullement par là se départir d'un droit qui lui appartient. « La bonté du roi, dit M. de Lally-Tollendal,
« dans la communication dont il nous a honorés,
« a été appelée une bonté toute gratuite. Oui, la com-
« munication préalable, la délibération et la discussion

« de l'acte d'amnistie ont été, de la part de Sa Majesté,
« une bonté toute gratuite, parce qu'au roi seul, sans
« dépendance et sans partage, appartient le droit
« d'amnistie, parce que ce droit est inhérent à la
« Couronne et qu'elle peut l'exercer, comme il lui
« plaît, soit à elle seule, soit en y appelant gratuite-
« ment le concours des Chambres ». Et la Chambre
adopte la proposition suivante de M. de Bonnay :
« Nous remercions Sa Majesté d'avoir associé les
« Chambres à l'acte de clémence renfermé dans la loi
« du 12 janvier 1816 » (1). Il faut remarquer que « ce
grand acte de bienfaisance et de pacification » n'était en
réalité qu'un amnistie très limitée, comprenant un
grand nombre d'exceptions. Ainsi, on excluait les personnes contre lesquelles avaient été dirigées des poursuites ou étaient intervenus des jugements avant la
promulgation de la loi; les poursuites devaient être
continuées et les jugements exécutés. On laissait subsister l'ordonnance du 24 juillet 1815, dont l'article 1er
envoyait dix-huit officiers généraux devant les conseils
de guerre. Enfin on bannissait à perpétuité les régi-
cides qui avaient accepté l'Acte additionnel de 1815 et
tous les parents de Bonaparte.

Par une série d'ordonnances spéciales, Louis XVIII
déclara compris. dans l'amnistie du 12 janvier 1816,
les faits imputés aux généraux Decaen, Bertrand,
Grouchy et aux barons Gilly, Brayer et Ameil, qui

(1) *Moniteur* des 3, 4, 5, 6. 7, 8 janvier 1816.

avaient été formellement exceptés dans l'article 2 de
cette loi. Ce devait être une des dernières apparitions
des lettres d'abolition individuelle. Le même caractère
se retrouve cependant dans une ordonnance du 28 mai
1825, rendue par Charles X à l'occasion de son sacre :
l'amnistie n'était accordée qu'à certaines personnes
nominativement désignées dans l'acte royal, ou, plus
exactement, dans le *Bulletin des Lois*. Depuis, les
lettres d'abolition individuelle, contre lesquelles la
justice a toujours protesté, n'ont plus reparu dans
notre droit.

Parmi les amnisties publiées par Louis XVIII et par
Charles X, il en est peu qui méritent d'attirer spécialement l'attention. Comme Napoléon Ier, ces deux
souverains accordent généralement une amnistie à
l'occasion d'évènements heureux, tels que le mariage
du duc de Berry, la naissance du duc de Bordeaux.
Mentionnons une amnistie qui eut des causes toutes
particulières, à savoir celle du 13 avril 1817, accordée
aux personnes poursuivies ou condamnées pour les
délits auxquels la rareté des subsistances a pu les
entraîner.

Au début de la Monarchie de Juillet, on discuta
avec passion la question de savoir si l'amnistie, accordée
en fait par le roi, lui appartenait dans la rigueur de la loi
constitutionnelle, ou si, au contraire, on ne devait pas
considérer plutôt cette mesure comme un acte législatif. Un débat très intéressant s'ouvrit à ce sujet à la

Chambre des députés, qui finit par adopter l'opinion soutenue devant elle par M. Bérenger et favorable à la prérogative royale (1).

Les arguments de ceux qui refusaient le droit d'amnistie au roi étaient les suivants : aucun texte de la Constitution n'attribue le pouvoir d'amnistie à la couronne, l'article 58 de la Charte ne parlant que de la grâce, institution essentiellement distincte de l'amnistie depuis la Révolution ; tout au contraire, le nouvel article de la Charte, défendant au roi de suspendre les lois et de dispenser de leur exécution, semble réserver au pouvoir législatif le droit d'amnistie, qui est la substitution d'une volonté d'oubli à la volonté répressive de la loi qu'on méconnaît.

Les adversaires de cette doctrine répondaient : le droit d'amnistie est, comme le droit de grâce, un des attributs de la puissance souveraine, non-seulement dans les monarchies absolues, mais même dans les Etats constitutionnels ; cette pérogative royale a été solennellement reconnue par la Chambre des Pairs lors de la discussion de la loi du 12 janvier 1816 ; un débat public sur une proposition d'amnistie enlèverait à cette mesure politique tous ses avantages, en réveillant les haines et en retardant l'application de la loi ; quant à la défense faite au roi de suspendre les lois et de dispenser de leur exécution, elle n'a pas été intro-

(1) *Moniteur* des 2, 25, 30, 31 décembre 1834 ; 1ᵉʳ et 2 janvier 1835 ; 19 janvier 1837.

duite dans la Charte, dans le but d'enlever au souverain le droit d'amnistie, mais uniquement en vue de mettre obstacle à ce que le roi se crût autorisé à se placer au-dessus de la Constitution ; les paroles du rapporteur de la Charte de 1830 ne laissent pas de doute à cet égard (1).

Cette dernière opinion prévalut et la jurisprudence reconnut le droit du roi en vertu de l'article 58 de la charte (2).

Les principales amnisties de Louis-Philippe furent accordées en faveur des condamnés politiques pour délits de presse (2 août 1830) ; pour faits politiques depuis le 7 juillet 1815 (26 août 1830) ; en faveur des déserteurs et retardataires (28 août 1830) ; des Français bannis, en exécution des articles 3 et 7 de la loi du 12 janvier 1816 (11 septembre 1830); des individus détenus dans les prisons de l'État, par suite de condamnations prononcées pour crimes et délits politiques (8 mai 1837), etc. De nombreuses amnisties furent également octroyées, sous ce règne, aux gardes nationaux.

L'article 55 de la Constitution de 1848 décida que les amnisties seraient accordées par une loi. « L'am- « nistie, dit M. Dupin, parlant au nom de la Com- « mission, doit être un acte législatif, parce qu'au « lieu de venir simplement après justice faite comme

(1) Discours de M. Bérenger. *Moniteur* du 30 et 31 décembre 1834.
(2) Cass., 19 juillet 1839.

« la grâce, après que les lois ont reçu satisfaction,
« elle peut être demandée quelquefois et elle l'est le
« plus souvent, avant que des poursuites, aient été
« faites et en vue de les arrêter, en vue par consé-
« quent d'empêcher l'exécution des lois, et il n'y a
« qu'une loi qui puisse accorder cette dispense ».
Notons qu'en fait aucune amnistie ne fut accordée en
vertu d'une loi, sous l'empire de cette Constitution.

La Constitution du 14 janvier 1852 donnait le droit
de grâce au Président et, comme les Chartes de 1814
et de 1830, était muette sur l'amnistie. Mais, pendant
sa présidence, Napoléon III accorda par décret plusieurs amnisties.

Le sénatus-consulte du 25 décembre 1852 fit cesser
tous les doutes, en reconnaissant formellement à l'Empereur « le droit de faire grâce et d'accorder des
amnisties ». L'article 1er du sénatus-consulte repro-
duisait exactement la disposition contenue dans l'Acte
additionnel de 1815. « Cet article, disait M. Troplong
« dans l'exposé des motifs, résout une difficulté de
« droit public plus doctrinale que pratique. Tous les
« gouvernements monarchiques, qui se sont succédé
« en France, ont considéré comme un attribut de la
« puissance souveraine le droit d'accorder des amnis-
« ties. Tous ont usé de cette faculté. Elle ne saurait,
« sans de graves inconvénients politiques, être con-
« testée ou déniée au chef de l'État ».

Jusqu'en 1859, on ne rencontre que des amnisties

3

rendues relativement à des délits de droit commun ou
à des infractions commises par les gardes nationaux.
C'est à partir de 1859 seulement, par le décret du
16 août, que l'empereur se décida à accorder amnistie
pleine et entière à tous les individus qui avaient été
condamnés pour crimes ou délits politiques ou qui
avaient été l'objet de mesures de sûreté générale. Le
décret d'amnistie ayant la portée la plus large est
celui du 14 août 1869, qui vise les crimes et délits
politiques, les délits et contraventions en matière de
presse, de réunions publiques et toute une série d'autres
délits et contraventions de droit commun.

Le gouvernement de la Défense nationale ne pouvait
manquer de publier immédiatement une amnistie pour
les délits politiques. Ce fut l'objet d'un décret du
4 septembre 1870, portant : « Amnistie pleine et entière
est accordée à tous les condamnés pour crimes et
délits politiques et pour délits de presse depuis le
3 décembre 1851 jusqu'au 3 septembre 1870 ».

La loi du 17 juin 1871, sur l'exercice du droit de
grâce, porte dans son article premier : « Les amnisties ne peuvent être accordées que par une loi ». Dans
un remarquable rapport, M. Batbie exposa les raisons
qui commandaient ce retour aux principes de la Constitution de 1848 et distingua, avec une grande précision, le droit de grâce du droit d'amnistie. Enfin, l'article 3 de la loi du 25 février 1875, sur l'organisation
des pouvoirs publics, reproduit exactement l'article

premier de la loi du 17 juin 1871. C'est le texte qui régit aujourd'hui l'amnistie. Depuis cette époque, le pouvoir législatif a usé fréquemment de son droit d'abolition.

Les amnisties les plus célèbres, depuis 1871, sont celles qui ont été accordées aux individus condamnés pour avoir pris part aux événements insurrectionnels de 1870-1871.

Dès 1871, plusieurs membres de l'Assemblée nationale prononçaient le mot d'amnistie, mais le pays était et devait rester encore plusieurs années hostile à une pareille mesure. Le 21 mars 1876, plusieurs propositions d'amnistie furent déposées sur le bureau de la Chambre ; elles échouèrent, 50 voix seulement s'étant prononcées, le 19 mai, pour l'amnistie. Au Sénat, une proposition de même nature, faite par Victor Hugo, ne réunit qu'une dizaine de voix. La question ne fut reprise qu'en 1879, lorsque les élections du 5 janvier eurent accru le parti républicain au Sénat et que l'on put espérer voir mieux accueillies par le Parlement les propositions d'amnistie. Le 28 janvier 1879, le Gouvernement, représenté par M. Dufaure, déposait à la Chambre un projet de loi sur l'amnistie ou plutôt sur l'extension des grâces aux insurgés de 1871. M. Louis Blanc déposait en même temps une proposition d'amnistie pleine et entière. M. de Mac-Mahon, ayant donné sa démission de président de la République, M. Le Royer remplaça M. Dufaure, comme

ministre de la justice, et, le 11 février 1879, il déposait un nouveau projet, qui est devenu la loi du 3 mars
1879, sur l'amnistie partielle. Cette loi, qui permettait
au gouvernement d'amnistier tous les condamnés de
la Commune et même les chefs les plus compromis,
procédait à la fois du désir de donner satisfaction à la
majorité républicaine de la Chambre et du souci de ne
pas amnistier, sans distinction, tous les auteurs des
faits révolutionnaires de cette époque. Dans les trois
mois qui suivirent la promulgation de cette loi, plus
de 2,000 contumaces sur 2,400 fixés à l'étranger et
plus de 400 déportés sur les 6 à 700 que le ministre
de la justice, au cours de la discussion, avait recon-
nus amnistiables, étaient graciés et bénéficiaient ainsi
de la loi d'amnistie. Le Gouvernement avait tenu la
promesse qu'il avait faite de se montrer très large dans
la distribution des grâces qui devaient entraîner l'amnistie.

La question n'était cependant pas close définitivement. Quelques mois s'étaient à peine écoulés qu'une
nouvelle campagne était entreprise, dans la presse et
dans les réunions publiques, en faveur de l'amnistie
plénière. Le 22 janvier 1880, M. Louis Blanc déposait
une proposition en ce sens. La commission, nommée
par la Chambre, conclut au rejet et ses conclusions
furent adoptées par 316 voix contre 114. Mais, si
l'amnistie n'avait gagné que quelques partisans à la
Chambre, elle avait fait, dans le pays, de très sensibles

progrès. L'opinion de Gambetta, partisan de l'amnistie
plénière, finit par prévaloir dans les sphères gouver-
nementales et, le 14 juin 1880, M. de Freycinet déposa
sur le bureau de la Chambre un projet de loi qui devait
entraîner la clôture définitive de cette question brû-
lante. Après plusieurs modifications successives, appor-
tées à ce projet par le Sénat et par la Chambre, on
tomba d'accord sur la rédaction qui a passé dans la
loi du 11 juillet 1880. Comme en 1879, on avait encore
recours à la combinaison de l'amnistie avec la grâce.
Précisément à raison de ce caractère spécial qu'elles
présentent, nous aurons à revenir sur ces deux lois
dans le cours de notre étude. Remarquons qu'en fait
cette dernière amnistie fut bien une amnistie plénière,
puisque, le 11 juillet 1880, le *Journal officiel* publiait
un décret par lequel le Président de la République
faisait remise entière de leur peine à tous les individus
condamnés pour avoir pris part aux événements insurrectionnels de 1870 à 1871 et aux événements insurrectionnels postérieurs.

Plusieurs amnisties ont été accordées aux délits de
presse. Nous citerons les lois du 2 avril 1878, du 29
juillet 1880 (art. 70), du 19 juillet 1889 (n° 2) et du
1er février 1895 (n° 2).

L'amnistie la plus étendue de ces dernières années
est celle du 19 juillet 1889. Le rapport de M. Pelletan
à la Chambre nous fait connaître les motifs qui ont
dicté cette loi : « C'est, dit-il, une tradition de tous

« les régimes de marquer par des actes d'humanité
« leurs grands anniversaires ; c'est assurément une de
« ces traditions que la République n'a ni à renier, ni
« à réformer. On l'a si bien senti que les propositions
« d'amnisties nous sont venues de tous côtés, et que
« nous avons eu, en parcourant la liste des amende-
« ments qui nous ont été soumis, la satisfaction de
« voir toutes les fractions de la Chambre s'associer,
« en demandant des mesures d'oubli, à la glorification
« de notre grand anniversaire. Les mêmes raisons, qui
« commandent une amnistie, commandent de la faire
« aussi large que possible. »

Le 1er février 1895, paraît une loi d'amnistie dont
l'objet principal est d'effacer les crimes, attentats ou
complots commis, jusqu'au 28 janvier de la même
année, contre la sûreté intérieure de l'Etat. Depuis
plusieurs années, de nombreuses propositions d'amnistie avaient été soumises à la Chambre ; elles avaient
surtout pour but de mettre à néant l'arrêt prononcé
en 1889 par le Sénat, constitué en Haute Cour de justice, contre le général Boulanger, M. Rochefort et le
comte Dillon. Le général Boulanger était mort, mais
M. Rochefort et le comte Dillon étaient toujours en exil.
L'une des causes de la campagne violente, dirigée
alors contre le Gouvernement par les partis extrêmes,
était le refus opposé par les divers ministères qui se
succédaient de s'associer à une proposition d'amnistie
en ce sens. Enfin, le 28 janvier 1895, après la lecture

du message présidentiel, le ministère Ribot déposa un projet d'amnistie destiné à effacer les traces des discordes politiques ; ce projet fut immédiatement adopté.

L'amnistie la plus récente est celle du 27 avril 1898, accordée aux soldats des armées de terre et de mer pour faits d'insoumission et de désertion (1).

(1) La Chambre des Députés vient de voter, dans la séance du 14 novembre, une loi portant amnistie en faveur : 1° des délits de presse, de réunion et d'association, ainsi que des contraventions à la loi du 4 février 1893 et des infractions à la loi du 17 juillet 1889 ; 2° des délits et contraventions se rattachant aux faits de grève ; 3° des délits et contraventions en matière de pêche, chasse, etc. — La Chambre a renvoyé à une séance ultérieure la discussion de l'article qui concernait les troubles survenus en Algérie, depuis le 16 mai 1897 (*Journal officiel* du 15 novembre 1898, p. 2198 et suiv.).

# DEUXIÈME PARTIE

## THÉORIE DE L'AMNISTIE

---

## CHAPITRE PREMIER

### DE LA NATURE DE L'AMNISTIE

---

Sommaire : Etymologie. — Définition. — Fondement juridique. — Utilité. — Caractères : — C'est une mesure d'ordre public ; donc elle ne peut être refusée. — Elle anéantit également les condamnations et les poursuites. — Elle est réelle. — Elle est collective ; exceptions qu'elle est susceptible de comporter. — Elle peut s'appliquer à toutes sortes de faits délictueux, soit avant, soit après la condamnation. — Elle est irrévocable. — Peut-elle être conditionnelle ? — Peut-elle n'effacer qu'une partie de la peine ?

L'amnistie, comme l'indique l'origine étymologique de ce mot (α, privatif — μναομαι, se souvenir), a pour objet de couvrir, en quelque sorte, du voile de l'oubli des infractions à la loi pénale dont la société a intérêt à faire disparaître le souvenir. C'est, pour plus de précision, un acte de souveraineté qui, pour des raisons d'ordre public, enlève à toute une catégorie de faits déjà accomplis le caractère délictueux et punissable que la loi leur attribue.

Arrêtons-nous un instant à établir le fondement juridique de cet acte et à montrer dans quelles circonstances en apparaît l'utilité. Si l'on veut comprendre la nature intrinsèque d'une institution, il faut en effet se demander pourquoi la société l'a créée et quels services elle en attend.

Le droit social de punir trouve son principe et sa justification à la fois dans l'idée abstraite et absolue de « justice » et dans la considération toute contingente de l' « utilité » d'un châtiment qui doit sauvegarder la sécurité et l'existence même de la société et des individus. Que cette « utilité » disparaisse et, l'une des deux causes fondamentales du droit de punir venant à manquer, ce droit lui-même cesse d'exister (1). Des circonstances exceptionnelles peuvent faire disparaître les avantages que la société trouve, en règle générale, à la répression des faits que les principes de la justice condamnent. C'est alors qu'intervient l'amnistie. Il ne faut pas en chercher la justification dans une sorte d'obligation morale de la société de ne pas punir, à cause de l'incertitude de la vérification de l'infraction ou de l'injustice de la condamnation. Qu'on le remarque d'ailleurs : le pouvoir ne promet pas l'impunité pour l'avenir, ce qui serait une abdication coupable de ses droits; il la garantit seulement pour le passé.

(1) **En ce sens** : Garraud, *Traité théorique et pratique de droit pénal français*, t. II.

La plupart du temps, l'amnistie s'appliquera à des infractions nées des passions politiques. Ceux qui ont commis ces infractions sont toujours entourés d'un grand nombre de partisans qui pensent et qui sentent comme eux et qu'une application sévère des lois ne pourrait qu'affermir dans leurs idées, sans que la crainte du châtiment ne les détourne de suivre l'exemple qui leur est donné. Au contraire, l'auteur du délit de droit commun est ordinairement un individu isolé et dont personne n'oserait se vanter de partager les sentiments.

C'est presque toujours à la suite des luttes de partis que les amnisties apparaissent. Lorsqu'un pays est en proie à des dissensions politiques ou religieuses, lorsqu'il y a eu guerre civile, insurrection contre le pouvoir régulier et qu'ensuite l'ordre est rétabli, il arrive souvent que le parti vaincu conserve des sentiments de haine, qui se développeraient avec la sévérité de la répression et dont il pourrait sortir de nouveaux troubles. Alors, le parti qui a triomphé, surtout quand c'est celui du pouvoir légitime antérieur, comprend qu'il est conforme à sa dignité en même temps qu'à son intérêt de se montrer généreux et clément après la victoire. Il fait voir par là qu'il a confiance dans sa force et qu'il ne redoute plus ses adversaires de la veille.

On doit noter cependant que l'amnistie pourra intervenir aussi relativement à d'autres infractions que

celles inspirées par les passions politiques. L'intérêt
social d'ailleurs n'y sera pas moins engagé, comme par
exemple dans les amnisties accordées aux déserteurs
des armées de terre et de mer. Il arrive pourtant quelquefois qu'une amnistie s'applique à des délits qui
n'ont plus aucun rapport avec l'ordre public ; tels, les
délits de chasse et de pêche. C'est alors une mesure
grâcieuse que le pouvoir accorde à l'occasion d'un
évènement heureux ; la raison d'État ne la justifie
plus : ce sera l'exception. Ainsi il est de tradition
qu'un gouvernement marque par des actes d'humanité
les grands anniversaires de l'histoire du pays.

L'amnistie n'a souvent de généreux que l'apparence.
Elle est plutôt une mesure de prudence et d'habileté.
Suivant la remarque très judicieuse de M. de Peyronnet, dans ses *Pensées d'un prisonnier*, « il n'est
» pas rare que le prince et l'État y aient encore plus
» profité que ceux qui en étaient l'objet ». La Rochefoucauld avait dit avant lui : « La clémence des princes
» n'est souvent qu'une politique pour gagner l'affec-
» tion des peuples ».

Pour atteindre son but de pacification, l'amnistie
doit effacer le fait même qui a constitué l'infraction,
en détruire toutes les traces, en supprimer toutes les
conséquences. Elle obtiendra ce résultat en s'opposant
à l'exécution des peines déjà prononcées et, si le jugement de condamnation n'a pas encore été rendu, en
arrêtant les poursuites ou en les empêchant de naître.

La raison d'être et l'utilité de l'amnistie étant ainsi expliquées, il sera plus facile maintenant d'exposer les caractères distinctifs de cette institution et d'en justifier les effets.

L'amnistie, d'après son but principal, qui est de ramener la paix dans l'Etat, est essentiellement une mesure d'ordre public. De ce premier caractère découle une série de conséquences intéressantes.

D'abord, l'amnistie ne peut être refusée par ceux qui sont appelés à en bénéficier. Cette proposition n'a jamais été contestée relativement aux individus déjà condamnés ou à ceux qui n'ont pas encore été poursuivis au moment de la publication de la loi. On chercherait en vain quel intérêt appréciable ils auraient à renoncer à une telle faveur. Mais, la question pourrait se poser à l'égard des inculpés poursuivis lors de la promulgation de l'amnistie, qui demanderaient à être jugés dans la forme ordinaire pour établir leur innocence. On peut dire en leur faveur, et c'est même un argument assez sérieux, à notre avis, que le seul fait de la poursuite judiciaire dirigée contre eux a porté atteinte à leur honneur en faisant présumer leur culpabilité. Sans doute, l'amnistie vient faire disparaître toutes les conséquences légales de cette poursuite. Mais leur rendra-t-elle, à l'égard de la société, cette considération qu'un prévenu recouvre tout entière par l'effet d'un acquittement? Il est permis d'en douter. Aussi peut-on trouver équitable la mesure adoptée par le pape Pie IX, dans l'amnistie qu'il accorda le 16 juillet 1841 aux délits politiques. Il y réservait formellement aux amnistiés dont le procès n'était pas encore terminé le droit d'en demander la continuation.

Malgré l'incontestable équité de ce système, on ne saurait reconnaître aux amnistiés la faculté de faire continuer le procès, si l'acte d'amnistie n'en contient pas la réserve expresse. Permettre la continuation des procès en cours serait prolonger, dans l'intérêt d'un petit nombre, l'agitation qu'on a voulu éteindre. Or, la loi d'amnistie parle au nom de l'intérêt général et c'est un principe que, lorsque des intérêts individuels se trouvent en opposition avec l'intérêt collectif, les premiers, si respectables qu'ils soient, sont condamnés à se taire. D'ailleurs, le prévenu a-t-il bien un droit acquis au jugement et l'État n'est-il pas libre, lorsque les circonstances l'exigent, d'abdiquer le pouvoir de répression qui lui appartient, alors même qu'il aurait commencé de l'exercer? Et quel singulier spectacle, si les tribunaux pouvaient être contraints à persister dans des recherches, souvent longues et difficiles, dont il ne saurait résulter aucune conséquence pratique, puisque le prévenu, quelle que soit l'issue de la vérification judiciaire, devra être renvoyé des fins de la poursuite! Enfin, la justice étant rendue au nom du pouvoir souverain, elle ne peut continuer à instruire contre un fait dont ce même pouvoir a déclaré anéantir l'existence et le souvenir.

La jurisprudence a hésité avant d'adopter fermement ce principe. La Cour de cassation, qui avait d'abord jugé que « l'amnistie est une faveur, que les prévenus, qui soutiennent n'avoir commis aucun crime, sont libres de ne pas invoquer (1), s'est fixée peu après dans le sens absolument opposé et a proclamé, conformément aux conclusions de M. le Procureur général Paul Fabre, que l'amnistie est « une fin de non recevoir qui s'impose et à laquelle dès lors les parties ne peuvent pas utilement renoncer » (2).

De ce que l'amnistie est une mesure d'ordre public, nous déduirons deux autres conséquences. D'abord, l'exception qu'elle engendre peut être invoquée en tout état de cause, notamment pour la première fois devant la Cour suprême. Ensuite, les tribunaux sont tenus de soulever d'office cette exception, qui, comme la prescription, éteint l'action publique et s'oppose à tout débat sur le fonds.

Le rôle de l'amnistie suffit à expliquer les autres caractères de cette institution.

Et tout d'abord, il est de la nature de cet acte aussi bien de supprimer les condamnations que d'éviter les poursuites. Car, pour faire oublier un fait, il est indispensable d'effacer, sans distinction, toutes les conséquences qui en sont résultées. Quelquefois cependant,

(1) Cass., 25 novembre 1826 ; Dalloz, Rép. V° *Amnistie*, n° 126.
(2) Cass , 12 mai 1870, D. P., 70, 1, 283. En ce sens : Poitiers, 7 août 1889, D. P., 91, 2, 27.

des clauses spéciales limitent les effets d'une amnistie
aux délits qui n'ont pas encore été soumis aux tribunaux. Ainsi la loi du 12 janvier 1816 n'était pas applicable aux personnes contre lesquelles avaient déjà
été dirigées des poursuites ou étaient intervenus des
jugements de condamnation (1). A défaut de réserves
de ce genre, l'effet de l'amnistie est absolu et se produit tant à l'égard des peines prononcées que des
poursuites commencées.

L'amnistie est réelle, c'est-à-dire, elle vise directement les infractions dont elle veut effacer le souvenir,
sans se préoccuper de leurs auteurs. La nature de
l'acte est seule prévue et indiquée dans la loi. L'agent
n'y est pas désigné : il n'en profite que par voie de
conséquence.

On est en droit de critiquer, à ce dernier point de
de vue, la loi du 3 mars 1879. En proclamant une
amnistie, applicable aux seuls individus qui seraient
grâciés par le Président de la République dans un
certain délai, elle a, d'une manière indirecte, désigné
nominativement ceux qui devaient en bénéficier. Motivée par des considérations personnelles à ceux qui
devaient en profiter, cette prétendue amnistie n'était
plus qu'une grâce très étendue. Il s'y trouvait comme
un mélange des différentes mesures d'indulgence dont
le pouvoir dispose. Le défaut de cette loi n'avait pas

(1) *Sic*, Décret du 19 avril 1848.

passé inaperçu, puisque le garde des sceaux l'avait qualifiée d'*amnistie personnelle* (1), associant ainsi deux termes qui, dans le langage juridique, ne peuvent se concilier. C'était revenir d'un siècle en arrière ; c'était restaurer pour un temps ces abolitions individuelles qui avaient amené tant de critiques sous l'ancien régime. Les lois du 11 juillet 1880 et du 19 juillet 1889 sont tombées dans les mêmes errements. Ces trois lois méritent encore le reproche plus grave de n'être pas rigoureusement constitutionnelles. Nous le montrerons plus loin.

De ce que l'amnistie est réelle, on doit conclure que tous les auteurs des faits dont le souvenir est aboli doivent également en bénéficier ; il n'y a pas ici de considération de personne. En d'autres termes, ce n'est pas une mesure individuelle comme la grâce ; c'est une mesure collective. La Cour de cassation l'a nettement affirmé (2).

Mais, toute faveur collective n'est pas une amnistie. Un acte de ce genre peut constituer seulement une grâce, qui, bien qu'ayant pour objet un plus grand nombre d'individus, ne produirait pas des effets plus étendus que la grâce individuelle. Il ne faut pas qualifier une mesure de clémence d'après sa généralité plus ou moins grande : il faut voir, avant, tout si elle comporte seulement remise de la peine ou si elle efface

---

(1) *Journal officiel* du 21 février 1879.
(2) *Cass.*, 26 août 1853, D. P , 53, 5, 16.

l'infraction elle-même. La distinction entre la grâce
collective et l'amnistie pouvait être délicate sous les
régimes monarchiques où ces deux droits étaient
exercés l'un et l'autre par le chef de l'État. Aujour-
d'hui, cette difficulté ne peut plus se présenter, l'art. 3
de la loi constitutionnelle du 25 février 1875 ayant
attribué le droit de grâce au pouvoir exécutif en réservant le droit d'amnistie au pouvoir législatif.

Ce serait enlever à l'amnistie son caractère de généralité, ce serait la faire dégénérer en ces abolitions
particulières que notre législation repousse, que de
faire un choix nominatif parmi les individus coupables du même délit, pour soustraire les uns à
l'action des lois et y abandonner les autres. Critiquons,
à ce point de vue, les « quelques exceptions » du
décret d'amnistie du 12 mars 1815, qui exclut, en
les désignant par leur nom, un certain nombre de
personnages (1). L'ordonnance d'amnistie du 28 mai
1825 mérite le même reproche, puisqu'elle n'accorde
l'amnistie qu'à ceux des condamnés et transfuges dont
les noms seront indiqués au *Bulletin des lois*.

Mais, une mesure de clémence ne cesse pas d'être
une amnistie, par cela seul qu'on refuse d'en attribuer
le bénéfice à tous les auteurs d'un même fait. Son

---

(1) Décret du 12 mars 1815, art. 2 : « Sont exceptés de ladite
« amnistie: les sieurs Lynch, de La Rochejaquelein, de Vitrolles,
« Alexis de Noailles, duc de Raguse, Sosthène de la Rochefoucauld,
« Bourrienne, Bellart, prince de Bénévent, comte de Beurnonville,
« comte de Jaucourt, duc de Dalberg, abbé de Montesquiou... ».

caractère essentiel lui sera conservé, si les délinquants
exclus sont désignés seulement par le caractère commun qui permet de les réunir en une même catégorie
et de les distinguer des autres ; par exemple, « les
repris de justice », ou « ceux qui sont actuellement
détenus », ou « ceux que des circonstances aggravantes
déterminées rendent plus coupables ». (1) Les restrictions de ce genre sont fréquentes. Ainsi, le décret
du 7 mars 1848, accordant amnistie aux individus
détenus dans les prisons militaires, excluait « les trente-
cinq militaires qui étaient détenus pour des crimes
ou délits de droit commun ». Le décret du 15 janvier 1852, amnistiant les délits et contraventions en
matière de forêts ou de pêche, exceptait les adjudicataires de coupes de bois, poursuivis pour cause de mal-
versation et abus dans l'exploitation de leurs coupes,
et les adjudicataires de pêche et porteurs de licence,
poursuivis pour délits commis dans leurs cantonne-
ments. (2) Rappelons encore les lois du 3 mars 1879
et du 11 juillet 1880, dont l'une excluait les individus
qui, indépendamment des peines encourues pour participation aux insurrections de 1871, avaient été condamnés pour crimes ou délits de droit commun à plus
d'une année d'emprisonnement et l'autre, ceux qui,
ayant été condamnés contradictoirement à la peine de

(1) V. les amnisties des 12 janvier 1816, 13 août 1817, 23 avril
1814.
(2) On trouve des restrictions analogues dans les décrets des
19 avril 1848, 4 décembre 1852, 6 décembre 1852, 14 août 1869.

mort ou aux travaux forcés pour crimes d'incendie et d'assassinat, n'avaient point, avant le 9 juillet 1880, été l'objet d'une commutation de peine.

De même, une amnistie peut, sans être altérée dans sa nature, faire un choix parmi les infractions comprises sous le même terme générique, pour en exclure quelques-unes. Ainsi, la loi du 2 avril 1878, amnistiant les délits et contraventions prévus par les lois sur la presse et sur les réunions publiques, exceptait les délits de diffamation et d'outrage aux bonnes mœurs. Nous retrouvons la même disposition dans la loi du 1er février 1895, applicable aux délits et contraventions en matière de presse.

On dira qu'une amnistie est partielle, toutes les fois qu'elle contiendra des restrictions, soit quant aux individus appelés à en bénéficier, soit quant aux infractions qu'elle entend effacer. En l'absence de toute limitation de cette sorte, ce sera une amnistie générale.

Toute violation de la loi pénale, quelle qu'en soit la nature, peut faire l'objet d'une mesure d'amnistie ; car, d'une part, il est impossible d'assigner des limites à un acte de la puissance souveraine et, d'autre part, il n'est pas de fait que la société ne puisse avoir intérêt, par suite de circonstances particulières, à faire oublier. On voit, en parcourant la liste des nombreuses amnisties publiées depuis un siècle, qu'elles ont visé successivement des délits de toute nature, depuis les crimes les plus graves jusqu'aux simples contraventions.

Cependant, sous l'empire des Chartes de 1814 et de 1830, où le droit d'amnistie était exercé par le Roi, une exception à ce principe aurait dû être admise pour le cas où un ministre aurait été mis en accusation par la Chambre des députés et traduit devant la Chambre des Pairs. M. Bérenger, qui soutint cette théorie à la Chambre des pairs en 1834, s'appuya sur l'exemple de l'Angleterre où il n'est pas admis que le pardon octroyé par le souverain puisse, suivant l'expression des publicistes anglais, « barrer » l'accusation des Communes. Cette limitation aux prérogatives royales était, dit-il, implicitement contenue dans la Charte, car ce serait en vain que l'article 47 de la Charte aurait donné à la Chambre des députés le droit d'accuser les ministres et de les traduire devant la Chambre des Pairs, s'il était permis à la Couronne de paralyser l'accusation par un pardon avant jugement. La même restriction s'imposait sous la Constitution du 14 janvier 1852, qui faisait de l'amnistie un attribut du pouvoir exécutif et qui accordait à la Chambre des députés le droit de mettre les ministres en accusation pour être jugés par la Haute-Cour de justice. Cette question ne peut plus se poser aujourd'hui, puisque le droit d'amnistie appartient au pouvoir législatif, à qui est réservé également le droit de mettre les ministres en accusation et de les juger.

A l'égard des faits qu'elle prévoit, l'amnistie produit tous ses effets, quelqu'avancée que soit déjà la répression de ces faits, c'est-à-dire, qu'il y ait eu ou non jugement de condamnation. Cependant, des jurisconsultes ont prétendu que cette mesure devait s'appliquer exclusivement aux infractions qui n'ont pas encore donné lieu à une sentence. M. l'avocat général Hello, notamment, a soutenu devant la Cour de cassation que l'amnistie ne pouvait être accordée qu'avant le jugement ; c'était même là, selon lui, un des traits distinctifs qui séparent cette mesure de la grâce, laquelle n'intervient qu'après le jugement. La Cour suprême n'a pas accepté cette manière de voir (1). Parce qu'un fait délictueux a reçu la sanction de la loi pénale, s'ensuit-il que la société ne peut plus avoir intérêt à le faire oublier ? Est-il juste de soumettre deux faits identiques à un traitement inégal, par cette seule raison que l'un d'eux a reçu une sanction plus rapide, ce qui sera souvent un pur effet du hasard ? D'ailleurs, dans l'ancien droit, les abolitions générales ne portaient-elles pas aussi bien sur les jugements que sur les poursuites ?

L'amnistie est une mesure irrévocable. Il paraît inadmissible que l'autorité qui l'a accordée puisse la rapporter ; autrement, la sécurité qu'il est dans son rôle de donner aux délinquants amnistiés serait illusoire. Un arrêt de la Cour de cassation du 8 mars 1811

(1) Cass., 1er septembre 1837, S., 37, 1, 937.

semble, à première vue, admettre le principe contraire (1). Il y est dit que l'amnistie est un acte de grâce et de faveur, susceptible d'être étendu ou restreint suivant la volonté du souverain qui l'a rendu, et qu'en conséquence l'amnistie, accordée par le décret du 25 mars 1810 à tous les coupables de délits forestiers sans exception, ne devait pas profiter à un maire, parce qu'un décret postérieur, ayant autorisé sa mise en jugement, avait implicitement décidé que l'amnistie ne lui serait pas applicable. Mais, la rédaction ambiguë des considérants de l'arrêt permet de supposer que la Cour suprême a simplement voulu consacrer ici la faculté pour le souverain d'accorder une amnistie partielle. Cette interprétation résulte au surplus d'un arrêt postérieur (2).

Nous avons maintenant à examiner si une mesure de clémence qui impose des charges, comme condition et, en quelque sorte, en compensation des avantages qu'elle apporte, ou qui, sans supprimer entièrement la peine, en abrège seulement la durée ou en modifie la nature, mérite encore le nom d'amnistie. En d'autres termes, l'amnistie peut-elle être conditionnelle ? Peut-elle se borner à atténuer la gravité de la peine infligée ? Ou est-ce au contraire un caractère essentiel de cette institution d'être absolue dans ses effets ?

(1) Cass., 8 mars 1811, *Bull. cass. crim.*, 1811, n° 31.
(2) Cass., 27 février 1818, *Bull. cass. crim.*. 1818, n° 24.

M. de Peyronnet (1), dans une argumentation très-spécieuse, a soutenu avec énergie ce second système :
« On parle quelquefois, dit-il, pour n'y avoir pas
« réfléchi, d'amnisties conditionnelles. Méprise gros-
« sière ! Ces deux mots ne s'allient point. La condi-
« tion, quelle qu'elle soit, conserve les traces de
« l'accusation et du jugement. L'amnistie eût fait
« oublier. La condition fait qu'on se souvient. Où
« prendre la condition, son excuse, son motif, son
« droit? Dans la sentence, sans doute. Otez la sentence :
« quel droit auriez-vous d'imposer des conditions ? La
« condition maintiendra donc et confirmera la sentence.
« Il n'est donc pas vrai qu'il soit question d'amnistie ;
« car l'amnistie abolit et, de toutes les choses qu'elle
« abolit, il n'en est aucune qu'elle ait plus spéciale
« mission d'abolir. L'amnistie exclut la condition; la
« condition exclut l'amnistie ».

Nous croyons au contraire que la condition n'altère pas nécessairement la nature de l'amnistie. Ainsi, lorsque la loi d'oubli exige des insoumis une déclaration de repentir et une demande de service, lorsqu'elle réclame aux insurgés la remise de leurs armes, ces conditions peuvent se justifier sans la sentence pénale ; elles n'en rappellent en rien le souvenir. Est-ce que ce ne sont pas de simples mesures d'ordre public que

(1) *Pensées d'un prisonnier*, Ham, 1831, t. I, ch. XIV. — En ce sens, M. Garraud, *Précis de Droit criminel et Traité théorique et pratique de droit pénal français*, t. II.

l'autorité serait en droit de prendre, en l'absence de
tout jugement de condamnation ? A notre avis, de
telles dispositions ont seulement pour effet, du moins
lorsqu'il s'agit d'une condition potestative pour les
amnistiés, de rendre l'amnistie « facultative » : elle
cesse d'être obligatoire, puisqu'il suffit de ne pas remplir la condition imposée pour échapper à son bénéfice ; c'est une offre qui demande une acceptation. La
condition une fois remplie, l'amnistie produit tous ses
effets, de sorte que son caractère essentiel, qui est
d'effacer entièrement l'infraction, lui est conservé,
malgré cette modalité dont elle est affectée. De deux
choses l'une : ou il ne sera pas question de l'appliquer,
ou on l'appliquera dans toute son étendue.

Très contestable au seul point de vue théorique, le
système qui n'admet pas la condition dans l'amnistie
entraînerait, en pratique, une conséquence des plus
fâcheuses. La sûreté de l'État, qui rend l'amnistie
nécessaire, peut commander également des garanties
dont l'omission serait dangereuse et refuser à l'État
le droit de prendre ces garanties, ce serait souvent empêcher une mesure de clémence, cependant opportune,
qu'on n'aurait pas, si l'on avait pu y joindre une condition, hésité à décréter.

En fait, il se rencontre fréquemment, dans les actes
d'amnistie, des conditions. Ainsi il est dit presque
toujours, dans les amnisties accordées aux insoumis
et aux déserteurs des armées de terre et de mer, que

ceux-ci n'en bénéficieront qu'à la condition d'accomplir le service militaire qu'ils doivent à leur pays. C'est là une condition potestative pour l'amnistié. Mais l'amnistie est aussi subordonnée quelquefois à une condition dont l'accomplissement ne dépend plus de la volonté des amnistiés. C'est ainsi que les lois du 3 mars 1879 et 11 juillet 1880 n'ont accordé l'amnistie aux individus condamnés pour participation aux évènements insurrectionnels de 1870 et 1871, qu'autant qu'ils seraient l'objet, dans un certain délai, d'un décret de grâce. La loi du 19 juillet 1889, relative aux déserteurs et insoumis des armées de terre et de mer, contient la même disposition (1).

Il faut se garder de confondre avec l'amnistie conditionnelle l'amnistie restreinte, qui laisse subsister une partie de la peine. Certains auteurs ont prétendu que ces deux mesures étaient également conditionnelles, la seconde différant seulement de la première en ce que la condition qui l'affecte est prise dans l'ordre des peines.

Nous ne pouvons admettre cette opinion. Où trouver, dans une telle amnistie, cet événement futur et incertain qui est le trait distinctif de l'acte conditionnel ? L'acte du pouvoir social qui, par une mesure collective et visant les faits plutôt que les personnes, n'efface qu'en partie les peines prononcées, ne mérite même

(1) *Sic* : Lois du 16 mars 1880, du 27 avril 1898.

pas le nom d'amnistie. M. de Peyronnet, dont nous repoussions plus haut la doctrine, a raison au contraire, selon nous, quand il dit : « Si légère que soit la peine, « c'est néanmoins une peine mise à la place d'une « autre. Ne me parlez plus d'amnistie ; ne me parlez « même pas de grâce. Il n'est plus question là que du « plus misérable de ces actes, savoir les lettres de « commutation » (1). Sans doute, il est des circonstances où la société ne pourrait faire disparaître entièrement les condamnations prononcées, sans renoncer aux garanties de sécurité qu'elle ne doit jamais perdre de vue, même lorsqu'elle se montre clémente et oublieuse des attaques dirigées contre elle ; et, l'on ne saurait songer à contester la légalité d'un acte de cette nature. Il nous semble seulement qu'une pareille mesure n'est pas une véritable amnistie et que les tribunaux, chargés de l'interpréter, ne devront pas lui en faire produire tous les effets. C'est un acte d'une nature toute spéciale, ayant sans doute une grande affinité avec l'amnistie, mais qui doit être strictement limité dans ses effets aux termes mêmes de la loi qui l'édicte.

La Cour de cassation, ayant à interpréter l'ordonnance du 8 mai 1837, qui maintenait la surveillance de la haute police à l'égard des prétendus amnistiés (2), a reconnu, il est vrai, à cette ordonnance le nom

(1) *Pensées d'un prisonnier*, Ham, 1831, t. I, ch. XIV.
(2) De même, l'amnistie du 28 mai 1825 maintient à l'égard des amnistiés la surveillance de la haute police, pendant cinq ans.

d'amnistie. Mais, en même temps, elle a décidé que cette mesure ne comportait pas, comme c'est l'effet normal d'une amnistie, l'oubli entier du passé ; car la sentence de condamnation subsiste nécessairement ici, pour servir de base au maintien de la surveillance de la haute police, qui, sans la condamnation, ne se justifierait plus. Et la Cour suprême en a déduit cette conséquence que l'amnistie du 8 mai 1837 laissait subsister les privations de distinctions honorifiques que les condamnations avaient entraînées (1).

Nous venons d'exposer les caractères constitutifs de l'amnistie. L'acte de clémence qui, par l'ensemble de ses dispositions, les réunira tous sera une amnistie, alors même que le mot ne serait pas prononcé : on devra lui attribuer tous les effets de cette mesure. La Cour de cassation a jugé, en ce sens, que le décret du 4 décembre 1852, contenant pour les délits de pêche maritime côtière à la fois remise des peines prononcées et interdiction des poursuites, présentait les caractères constitutifs de l'amnistie et devait en produire toutes les conséquences, quoique le mot d'amnistie n'y fût pas employé (2). En cette matière, comme en bien d'autres, les actes se jugent d'après ce qu'ils sont réellement, plutôt que par l'appellation souvent inexacte qui leur est donnée.

---

(1) Cass., 1ᵉʳ septembre 1837, S., 37, 1, 937 ; 17 décembre 1841. Dalloz, Rép. Vᵒ *Amnistie*, nᵒ 21.

(2) Cass., 26 août 1853, D. P., 53, 5, 16.

# CHAPITRE II

## DU POUVOIR QUI ACCORDE L'AMNISTIE

---

Sommaire : Texte législatif en vigueur aujourd'hui : article 3 de la loi du 25 février 1875. — L'amnistie est un acte du pouvoir souverain ; mais quel sens donner à ce mot ? — Dans les gouvernements représentatifs, l'amnistie doit-elle être l'attribut du pouvoir exécutif ou du pouvoir législatif ? — Les Chambres peuvent-elles déléguer ce droit au Président de la République ? — Examen des trois lois (3 mars 1879 ; 11 juillet 1880 ; 19 juillet 1889) contenant cette délégation et des motifs invoqués pour la justifier.

« Les amnisties ne peuvent être accordées que par une loi ». Ainsi s'exprime l'article 3 de la loi constitutionnelle du 25 février 1875, qui attribue au pouvoir législatif « la douce prérogative », suivant l'expression si topique de M. Glasson (1), du droit d'amnistie. La question de savoir quel est le pouvoir qui accorde l'amnistie est donc aujourd'hui formellement résolue. Il n'en a pas été toujours ainsi. Lorsque les Constitutions restaient muettes sur ce point, ce qui arrivait fréquemment (2), le droit d'amnistie était bien re-

---

(1) M. Glasson. *Histoire du Droit et des Institutions politiques, civiles et judiciaires de l'Angleterre*, t. 6.

(2) Ainsi, il n'est question de l'amnistie, ni dans le sénatus-consulte du 16 thermidor an X, ni dans les Chartes de 1814 et de 1830, ni dans la Constitution du 14 janvier 1852.

connu en fait au pouvoir exécutif, mais le silence de
la loi faisait naître, en doctrine, des discussions qui,
pour avoir perdu maintenant leur utilité pratique,
n'en sont pas moins intéressantes à connaître, si l'on
veut apprécier la valeur du système actuel.

L'amnistie est un acte de la puissance souveraine.
Cela n'est contesté par personne. On ne conçoit pas
qu'une mesure qui produit de tels effets, qui arrête le
cours de la justice et en anéantit les sentences,
puisse émaner d'une autorité d'un ordre inférieur.
Mais quel sens faut-il attacher au mot souverain ?
Dans les Gouvernements où toute la puissance est
concentrée entre les mains du chef de l'État, la réponse n'est pas douteuse : au chef de l'État seul doit
appartenir le droit d'amnistie. Ainsi autrefois, en
France, sous la monarchie absolue, le roi seul pouvait
décréter une amnistie. Mais, depuis l'introduction du
régime représentatif, deux pouvoirs se partagent l'autorité souveraine de la nation : le pouvoir exécutif,
représenté par le Roi, l'Empereur ou le Président de
la République, et le pouvoir législatif, représenté par
les Chambres. Le droit de grâce est réservé au pouvoir exécutif. Doit-on également faire entrer le droit
d'amnistie dans ses attributions ? Là est la question.

Presque tous les auteurs sont d'avis qu'au point de
vue de la logique et d'après la rigueur des principes
du droit, on doit réserver le droit d'amnistie au pouvoir législatif. La grâce, n'intervenant qu'après la

condamnation et n'en affectant que l'exécution maté-
rielle, il est naturel que le pouvoir exécutif, chargé
d'assurer l'exécution des jugements, puisse l'accorder.
Mais l'interdiction des poursuites possibles, l'extinction des poursuites commencées, l'anéantissement de
la condamnation et de toutes ses conséquences, tout cela
n'excède-t-il pas les limites de la compétence du pouvoir exécutif ? Sans doute, c'est au ministère public,
représentant du pouvoir exécutif dans l'ordre judiciaire, qu'appartient, en général, le droit de mettre en
mouvement l'action publique. Mais, d'une part, les
tribunaux de répression peuvent être saisis directement par la partie lésée (art. 3 et 64 C. instr. crim.),
ou sur sa plainte, par ordonnance du juge d'instruction
(art. 63 C. instr. crim.); et, d'autre part, les Cours
d'appel tiennent, dans certains cas, de la loi le droit
d'ordonner des poursuites criminelles (1). La mise en
mouvement de l'action publique ne dépend donc pas
exclusivement du ministère public. Il faut ajouter
qu'une fois l'action publique déférée aux juridictions
pénales, soit de jugement, soit même d'instruction, le
ministère public n'en est plus le maître ; il est impuis-
sant à arrêter la justice dans l'accomplissement de son
œuvre.

C'est la loi qu'il s'agit de paralyser, de suspendre
pour un instant. Or, une loi ne peut être abrogée que
par une loi et, de même que le respect du grand prin-

_____

(1) Art. 235 C. instr. crim ; — art. 11 de la loi du 20 avril 1810.

cipe de la séparation des pouvoirs veut que le pouvoir
qui fait la loi ne soit pas investi en même temps du
soin de veiller à son exécution, de même, on ne saurait, sans violer ce principe, laisser modifier la loi par
ceux-là mêmes qui sont chargés de l'appliquer.

Si l'on examine la question au point de vue de l'intérêt social et des avantages pratiques, on est tenté, au
contraire, de revendiquer le droit d'amnistie pour le
pouvoir exécutif. Quel est en effet le but de cette
grande mesure ? C'est de concilier les esprits et de
calmer les passions irritées. Mais n'est-il pas à craindre
qu'après la grande épreuve qu'on lui fera subir à la
tribune, l'amnistie soit moins possible qu'auparavant
et que les esprits soient plus irrités que jamais ? On
voit, par ce qui se passe chaque jour dans nos assemblées législatives, quelles discussions véhémentes peuvent soulever, en fournissant des armes à l'opposition,
les questions même les plus insignifiantes. Que sera-ce
pour une mesure de cette importance, où il faudra
peser les faits, les erreurs, les crimes de chacun, et où
beaucoup viendront, dans un amendement, déposer
leurs haines privées ? Précédée d'une discussion publique, souvent longue et toujours passionnée, l'amnistie
risquera de ne plus produire les effets salutaires qu'on
en attend.

D'autre part, il y a pour l'exercice de ce droit une
opportunité qu'il faut savoir saisir. C'est une mesure
qui, pour être bonne et utile, ne veut être ni devancée

ni ajournée : il y a un à propos qu'une politique habile ne doit pas laisser échapper. Or, si les Chambres sont séparées, si des circonstances impérieuses ne permettent pas de les réunir, il faudra donc qu'en présence d'un besoin peut-être universellement reconnu, d'une nécessité qui domine tout, la société demeure spectatrice impuissante d'un mal auquel il lui est impossible de porter remède ! (1).

Enfin, une opposition malveillante pourra présenter des propositions d'amnistie dangereuses et inopportunes, contre lesquelles le Gouvernement sera obligé de lutter, ce qui lui fera encourir la défaveur du rejet d'une mesure presque toujours populaire, parce qu'elle répond à des sentiments généreux.

Malgré l'importance et la valeur de ces considérations, il nous semble impossible de ne pas approuver le système consacré par la loi de 1875. Dans les Républiques où la souveraineté réside dans la nation, c'est à ses représentants élus que doit appartenir le droit d'amnistie, à cause de son caractère politique. Seuls, les États monarchiques peuvent admettre qu'une mesure de cette importance dépende d'un seul homme.

La délégation de l'exercice du droit d'amnistie, faite par le pouvoir législatif au pouvoir exécutif, est-elle un acte légal ? Quelques auteurs l'admettent, à la condi-

_____

(1) Ces deux considérations sont exposées dans un discours prononcé par M. Bérenger en 1834 (V. *Moniteur* des 30 et 31 décembre 1834).

tion que la délégation ne soit pas conçue dans des termes trop généraux. Dans notre législation actuelle, les termes précis de l'article 3 de la loi du 25 février 1875 paraissent interdire absolument au Président de la République d'exercer, même dans les plus étroites limites, le droit d'amnistie. Sans doute, il ne l'exercerait qu'en vertu d'une délégation expresse, émanant des Chambres. Mais il n'est pas toujours vrai de dire que le titulaire d'un droit peut en déléguer l'exercice à qui bon lui semble. L'inverse est souvent la règle. Et, si de telles délégations, faites par un pouvoir à l'autre, étaient possibles, que deviendrait le principe de la séparation des pouvoirs ? Qu'on ne vienne pas objecter que des législateurs, auxquels on refuserait le droit d'asseoir une loi nouvelle en modifiant les principes, de changer la base d'une législation antérieure, ne seraient que des législateurs impuissants (1). Il s'agit ici d'une modification à la Constitution et le Congrès seul a le pouvoir de la voter.

Les lois du 3 mars 1879, du 11 juillet 1880 et du 19 juillet 1889, en tant qu'elles accordent l'amnistie aux condamnés qui seront graciés, dans un certain délai, par le Président de la République, ne sont donc pas rigoureusement constitutionnelles. On avait essayé, pour justifier de ce reproche la première de ces lois, de nier la délégation implicite qu'elle contenait. Cette

_____

(1) Cet argument fut invoqué par le garde des sceaux, M. Le Royer, lors de la discussion de la loi du 3 mars 1879.

amnistie, disait-on, sera conditionnelle. Les condamnés n'en bénéficieront que si le chef du pouvoir exécutif leur accorde la grâce, mais chacun des deux pouvoirs restera dans ses attributions constitutionnelles. Sans doute, le détour était ingénieux, mais il ne sauvegardait que les apparences. En fait, dans les trois lois que nous venons de citer, c'est le Président de la République seul qui accorde l'amnistie, puisque la manifestation de sa volonté en est la condition indispensable et qu'elle peut s'exercer sans contrôle.

On ne voit pas immédiatement quels avantages le pouvoir législatif peut trouver dans cette sorte d'abdication partielle d'un droit qui lui appartient. Il faut, pour s'en rendre compte, se reporter aux exposés des motifs des lois d'amnistie qui contiennent cette délégation.

Les lois du 3 mars 1879 et du 11 juillet 1880 avaient pour objet principal les individus condamnés pour avoir pris part aux évènements insurrectionnels de 1871. La complexité des faits visés par ces lois, les termes larges qu'on était obligé d'y employer rendaient nécessaire un choix à faire parmi les coupables. A ceux qui, dans ces circonstances néfastes, s'étaient signalés par l'atrocité de leurs crimes, à ceux qui, par leur conduite, s'étaient proclamés les ennemis d'une société qu'ils voulaient détruire, l'amnistie ne pouvait s'appliquer, sans mettre en péril l'ordre social. Or, cette classification, reconnue indispensable, n'était

possible qu'à la suite d'une étude du dossier de chaque
condamné et le Gouvernement seul, par l'intermé-
diaire de ses fonctionnaires, pouvait se livrer à cette
étude ; c'était un travail que le Parlement ne pouvait
aborder. Ainsi, on n'avait pas voulu, par une amnistie
pleine et entière, faire oublier, sans distinctions ni
réserves, tous les crimes qui avaient marqué ces tristes
époques et, d'autre part, on trouvait la grâce insuffisante
pour les condamnés qui semblaient mériter un pardon
absolu, parce qu'elle ne réhabilite pas complètement
ceux qui l'obtiennent. Telle a été la raison d'être de
ces mesures de clémence mixtes, collectives et personnelles à la fois, œuvres tout ensemble du pouvoir
législatif et du pouvoir exécutif.

La loi du 19 juillet 1889 amnistiait, dans son article 3,
les déserteurs et insoumis des armées de terre et de
mer, qui seraient, avant le 1er janvier 1890, l'objet
d'une décision grâcieuse du Président de la République. Le rapporteur de la loi à la Chambre, M. Pelletan, expliqua que s'il était impossible, à l'occasion
du centenaire de 1789, de ne rien faire en faveur des
déserteurs et insoumis, on ne pouvait pas cependant
méconnaître quelles considérations sans réplique inter-
disaient tout ce qui peut affaiblir l'idée du devoir militaire. « Nous n'avons donc pas voulu, dit-il, adopter
« une mesure sans restriction. Comment choisir ? Il
« nous a paru nécessaire de nous en rapporter à ceux
« qui ont la direction et la responsabilité de la défense

« nationale (les Ministres de la guerre et de la marine).
« A eux de désigner au Président de la République
« ceux des déserteurs et insoumis qui peuvent ren-
« trer. » (1)

L'amnistie, étant un acte de la puissance souveraine,
il en résulte que, si elle a été proclamée par un souverain dans un pays dont il s'est emparé par voie de
conquête, elle cessera, de plein droit, de produire ses
effets, par la retraite des armées conquérantes et par
la réintégration de ce pays dans sa situation politique
antérieure. Il en sera de même, après le retour du souverain légitime, des amnisties publiées par un usurpa-
teur. On doit reconnaître toutefois que, lorsque le
pouvoir amnistiant a eu une durée assez longue, il y
aurait souvent une grande injustice à ne tenir aucun
compte des actes, surtout des mesures d'indulgence,
émanés de lui.

(1) *Journal officiel* du 16 juillet 1889, p. 2040 et suiv.

# CHAPITRE III

## DES EFFETS DE L'AMNISTIE

---

Nous avons montré, en étudiant la nature de l'amnistie, que l'objet essentiel de cette institution est d'enlever au fait amnistié le caractère délictueux et punissable que la loi pénale lui a attribué. Nous allons, dans ce chapitre, préciser et développer le sens de cette formule ; nous nous demanderons s'il n'y a pas de limites à la fiction de la non-existence du délit ; la loi d'oubli place-t-elle toujours, et d'une façon absolue, les choses au point où elles seraient, si le délit n'avait pas été commis ? Dans quelle mesure se produit cette abolition de la criminalité et à quels obstacles de fait vient-elle se heurter ?

Il est nécessaire de rappeler ici qu'une infraction peut faire naître contre son auteur des droits multiples et de nature variée : — D'abord, un droit de répression appartenant à la société, qui l'exerce au moyen de l'action publique ; — Ensuite, des droits qu'on appelle droits des tiers, résultant, les uns du préjudice causé aux particuliers lésés par le délit, les autres des déchéances et incapacités dont le jugement de condam-

nation frappe le coupable : les premiers donnent naissance à l'action civile. — Enfin, quelquefois, un droit
de poursuite disciplinaire, attribué à l'ordre honorifique ou à la corporation dont le condamné faisait
partie et à l'honneur desquels sa conduite a pu porter
atteinte : c'est l'action disciplinaire, qui se manifeste
dans une instance indépendante du procès pénal.

Pour bien connaître les effets de l'amnistie, il faut
les étudier au triple point de vue des conséquences
pénales, civiles et disciplinaires de l'infraction. Ce sera
la division de ce chapitre. Nous montrerons, dans un
appendice, quels obstacles de fait peuvent s'opposer
à la réintégration pleine et entière du condamné dans
la situation qu'il avait avant sa condamnation.

---

## SECTION I.

### DES EFFETS DE L'AMNISTIE AU POINT DE VUE DES CONSÉQUENCES PÉNALES DE L'INFRACTION.

Sommaire : A moins de réserves expresses, l'amnistie efface toutes les conséquences pénales de l'infraction, c'est-à-dire, les poursuites et les condamnations.—Examen détaillé des effets de l'amnistie sur : — 1° Les peines
corporelles, privatives ou restrictives de liberté : elle les abolit toutes,
même l'interdiction de certains lieux. — 2° Les peines pécuniaires :
A. Amendes : a). elles ne sont pas encore acquittées : l'État perd le droit de
les exiger ; b). elles sont déjà acquittées : l'État doit-il les restituer ?
Controverse ; presque toujours la question est tranchée par une disposition expresse de l'acte d'amnistie ; examen de la loi du 2 avril 1878
et des lois d'amnistie postérieures ; B. Confiscations : distinction suivant que la confiscation a le caractère d'une mesure d'ordre public
ou d'une peine. — 3° Les peines privatives de droits : elles disparaissent

toutes, sauf la déchéance de la puissance paternelle. — Conséquences à tirer de l'abolition de la condamnation, au point de vue : *a*). De la récidive : *b*). De la relégation ; *c*). Du sursis à l'exécution des peines : *d*). De la liberté provisoire ; *e*). Du casier judiciaire ; *f*). De la révision. — Effets que produit l'amnistie dans l'hypothèse de l'art. 365 Code instr. crim. : 1° il s'agit d'une condamnation irrévocable : *a*). le fait amnistié entraînait la peine la plus forte ; le condamné doit-il être entièrement libéré ? Controverse : il semble difficile d'appliquer ici l'amnistie ; on aura recours à la commutation de peine ; *b*). Le fait amnistié entraînait la peine la plus faible : en droit, l'amnistie ne doit avoir aucune influence sur la condamnation. 2° La condamnation n'est pas irrévocable : distinction, établie par la jurisprudence, suivant que la peine prononcée pour tous les délits est supérieure ou non à la peine applicable aux délits non amnistiés ; critique de cette distinction. — Effets de l'amnistie sur les faits de complicité : ils sont effacés, à moins qu'ils ne constituent un délit distinct du délit amnistié, soit à raison de la nature du fait de complicité, soit à raison de la situation particulière du complice. — Extension de ces principes aux faits accessoires au délit amnistié, commis par l'auteur principal.

Il est de principe que l'amnistie, à moins de réserves expresses, ne laisse rien subsister du droit de punir dont la société pouvait légalement user ou qu'en fait elle a déjà exercé. Elle empêche l'action publique de prendre naissance ; elle l'arrête, si elle a été mise en mouvement ; elle supprime les condamnations et en efface tous les effets.

Mais il est quelquefois formellement exprimé dans la loi d'oubli que les faits, qui auraient été déjà l'objet d'une condamnation devenue irrévocable, n'y sont pas compris, ou, ce qui est la même chose, que les poursuites seules sont abolies (1). Il faut alors n'appliquer l'amnistie que s'il n'y a pas eu encore condamnation,

(1) Loi du 16 juin 1793 ; ordonnance du 26 juin 1832.

ou s'il reste contre celle-ci une voie de recours quelconque. On devra notamment en faire bénéficier : — le condamné par contumace, car, en se représentant, il anéantit l'arrêt rendu contre lui et redevient un simple accusé ; — le prévenu, condamné par défaut par le tribunal de police correctionnelle, s'il se trouve encore dans les délais d'opposition ou s'il n'a pas été statué sur son opposition au moment de la publication de l'amnistie, l'opposition ayant pour effet de faire considérer comme non avenue la condamnation prononcée contre lui ; — le condamné par un jugement de première instance, s'il se trouve encore dans les délais d'appel ou s'il n'a pas été statué sur l'appel ; — enfin le condamné qui a épuisé toutes les voies ordinaires de recours, s'il a été fait par lui ou par le ministère public un pourvoi en cassation ; car, si la cour suprême statuait, le renvoi, qui pourrait être la suite de sa décision, donnerait, contrairement aux dispositions de la loi d'amnistie, effet aux poursuites commencées à l'occasion des infractions amnistiées. Quant aux individus ayant subi une condamnation définitive, nous croyons, quoi qu'en aient dit certains auteurs, que, lorsque le pouvoir amnistiant a déclaré, en termes formels, « abolir les poursuites », l'emploi de cette formule les prive du bénéfice de la loi d'oubli ; il s'agit d'une loi d'exception qui, à ce titre, doit être interprétée restrictivement.

On conçoit même qu'une amnistie ait une portée

plus restreinte encore : elle peut exclure les faits à
l'égard desquels l'action publique a déjà été mise en
mouvement (1). La difficulté sera alors de savoir à
dater de quel moment on doit dire que l'exercice de
l'action publique a commencé. Il faut voir, croyons-
nous, un commencement de poursuites dans tout acte
d'instruction, qui tend à éclairer l'autorité judiciaire,
en recherchant et réunissant les éléments de preuve,
tels qu'un transport sur les lieux, une perquisition,
une exhumation, une saisie d'objets, une audition de
témoins, alors même que cet acte n'aurait pas été
accompagné de la mise en cause du coupable. Mais
on ne peut pas attribuer ce caractère aux dénoncia-
tions et simples plaintes, qui n'ont pour objet que de
provoquer les poursuites.

Ces deux modalités restreintes de l'amnistie constituent l'exception. Nous allons l'étudier dans ses effets
les plus étendus, quand elle s'applique à des faits
irrévocablement jugés, quand elle prend le caractère
d'une abolition de condamnation. C'est ici le lieu de
se demander si, lorsque les termes de l'acte d'amnistie ne visent expressément que les condamnations
prononcées, on doit déduire de cette formule que
l'action publique reste intacte à l'égard des faits qui
n'ont pas encore été l'objet d'un jugement. L'affirmative semble commandée par le principe de l'interprétation restrictive, applicable à toute loi d'exception.

(1) Loi du 12 janvier 1816, art. 5.

Cependant la généralité des auteurs admet que l'amnistie produit, dans ce cas, un effet absolu. On dit, à
l'appui de cette solution, qu'une mesure d'abolition et
d'oubli, qui efface les condamnations prononcées, doit,
à *fortiori,* éteindre les poursuites existantes et que l'on
ne verrait aucune raison de refuser aux délits non
encore jugés un bénéfice que l'on accorde aux délits,
à l'égard desquels une condamnation est intervenue.
On ajoute que, lorsque parut le décret du 16 août
1859, accordant amnistie à tous les individus « condamnés » pour crimes et délits politiques, le tribunal
de police correctionnelle de la Seine, étant saisi d'une
prévention d'offense envers l'Empereur, l'organe du
ministère public, à l'audience, demanda et obtint un
délai qui lui permît de connaître l'interprétation du
Gouvernement quant aux poursuites commencées et
qu'à l'audience suivante, il opposa que l'esprit du
décret était d'anéantir les poursuites comme les condamnations, sur quoi le tribunal déclara n'avoir plus
à procéder (1).

Dès qu'une amnistie est accordée, tous les condamnés
qui subissent une peine corporelle, à raison des faits
compris dans la loi d'oubli, doivent être immédiatement mis en liberté. Les peines corporelles, privatives
ou restrictives de liberté, cessent, sans distinction, de
plein droit à ce jour.

(1) Morin. *Journ. du Droit criminel,* 1859, art. 6879.

Il ne faut pas faire d'exception pour le renvoi sous la surveillance de la haute police, que l'article 19 de la loi du 27 mai 1885, sur les récidivistes, a remplacé par l'interdiction de séjour. La raison de douter pourrait être que la surveillance de la haute police, par sa nature et son objet, apparaît moins comme une mesure de répression que comme une mesure préventive : elle garantit la société des dangers que lui ferait courir une trop grande liberté laissée à certains libérés et l'on ne doit pas supposer que le pouvoir social entende accorder un pardon aux dépens de la sécurité publique qu'il a pour mission de sauvegarder. La réponse à cette objection est facile. D'abord, le maintien de la surveillance de la haute police rappellerait les faits qui ont motivé cette mesure et serait incompatible par là avec le but de l'amnistie. En second lieu, le renvoi sous la surveillance de la haute police est formellement qualifié de peine dans l'article 11 du Code pénal. Enfin, la loi du 23 janvier 1874, en disant expressément que la grâce et la prescription de la peine ne relèvent pas de la surveillance le condamné qui y est soumis, paraît reconnaître implicitement un effet tout contraire à l'amnistie. Notons que les actes d'amnistie ont quelquefois maintenu spécialement la surveillance de la haute police, tout en abolissant la peine principale (1). L'amnistie n'en produit pas moins,

(1) Ordonnances des 13 août 1817, 28 mai 1825, 8 mai 1837.

malgré cette réserve, tous ses autres effets, à l'exception, bien entendu, de ceux qui seraient matériellement
incompatibles avec le maintien de la surveillance (1),
et l'amnistié recouvrera notamment la jouissance de
ses droits civils, civiques et politiques, puisqu'aucune
loi n'attribue à la simple surveillance l'effet de priver
de ces droits celui qui y est assujetti (2).

S'il y a plus de difficultés à déterminer les effets de
l'amnistie sur les peines pécuniaires, c'est qu'on peut
se demander s'il suffit, pour bien suivre l'esprit de la
loi d'amnistie, de ne pas exiger l'exécution de ces
peines, ou s'il ne conviendrait pas aussi de remettre la
peine déjà subie, en restituant au condamné l'argent
qu'il a versé au Trésor. Il est clair que cette question
ne peut pas se poser à propos des peines corporelles :
comment rendre à un condamné les jours de liberté
qu'on lui a ravis ?

Les condamnations pécuniaires comprennent : les
amendes ; les frais de justice à la charge du condamné ;
les confiscations.

L'amende, qui n'est pas acquittée au jour de l'amnistie, cesse d'être exigible ; cela ne fait pas de doute.

---

(1) On peut supposer qu'à la suite d'une amnistie, réservant l'interdiction de séjour, le condamné avec interdiction de séjour a été
élu à une fonction élective. L'élection sera valable en droit, mais
l'amnistié ne pourra remplir la fonction que si, en fait, elle ne doit
pas s'exercer dans le lieu dont le séjour lui est interdit.
(2) Trib. de Riom, 22 avril 1841. Dalloz, Rép. V° *Amnistie*, n° 136.

La solution est moins simple quant aux amendes déjà
acquittées. Doit-on reconnaître aux amnistiés, en
l'absence d'une disposition expresse de la loi sur ce
point, le droit d'exiger que l'État les leur restitue ?

De puissantes considérations militent en faveur de
l'affirmative. Une raison juridique d'abord : l'amnistie,
anéantissant le jugement, fait disparaître rétroactivement le titre en vertu duquel l'amende était due et a
été payée ; on se trouve en présence d'un payement
sans cause, d'un payement de l'indû, et les sommes
ainsi versées ne semblent pas pouvoir être légalement
retenues par le Trésor. Un motif d'équité en second
lieu : si les amendes acquittées n'étaient pas restituées,
les condamnés récalcitrants, qui se sont refusés à
exécuter immédiatement la condamnation, se trouve-
raient, après l'amnistie, dans une situation meilleure que
ceux qui s'y sont pleinement soumis ; ceux-ci auraient
en réalité subi leur peine, tandis que les premiers en
obtiendraient la remise entière ; une inégalité, aussi
dénuée de fondement, ne serait-elle pas souveraine-
ment injuste ?

Nous ne voyons à cette solution qu'une seule objection vraiment sérieuse. L'État se trouvera, le plus
souvent, dans l'impossibilité de restituer des sommes
régulièrement perçues et affectées à un emploi déter-
miné, sans qu'il en résulte, dans la comptabilité
publique et l'état des budgets, de graves bouleverse-
ments. Sans doute, c'est une considération toute

d'ordre pratique ; mais, est-ce une raison pour la négliger ? Mais, qu'on ne vienne pas dire que le retour sur des faits accomplis, tel que la restitution des amendes, impliquerait l'idée de réparation et serait de nature à porter atteinte à l'honneur de la magistrature, qui serait soupçonnée d'avoir condamné injustement ! Amnistier un fait, c'est seulement, nous l'avons déjà vu, en considérer la répression comme momentanément inopportune ou dangereuse.

Cette difficulté que nous venons d'examiner ne paraît pas avoir été tranchée par les tribunaux. On trouve, il est vrai, une ordonnance du Conseil d'Etat, du 7 mai 1838, déclarant que les amendes acquittées ne doivent pas être restituées, mais, comme cette ordonnance se réfère à l'amnistie du 30 mai 1837, qui excluait formellement les amendes acquittées, on ne peut en tirer aucun argument pour l'hypothèse où l'acte d'amnistie serait muet à cet égard.

En fait, d'ailleurs, la question se présentera rarement ; le plus souvent, elle sera résolue par une disposition spéciale de la loi d'oubli. Jusqu'à la loi du 2 avril 1878, les ordonnances ou décrets d'amnistie portaient, presque toujours, un article d'après lequel la réclamation des amendes déjà payées était interdite (1). La clause de non remboursement, s'il est permis de s'exprimer ainsi, était devenue traditionnelle.

(1) Ordonnances des 12 janvier 1815, art. 2 ; 19 juin 1816, art. 1ᵉʳ ; 20 octobre 1820, art. 3 ; 28 mai 1825, art. 4 ; 26 septembre 1830, art. 3.

L'article 3 de la loi du 2 avril 1878, rompant avec une série de précédents presqu'ininterrompus, porte que « les amendes acquittées par suite de condamna- « tions prononcées, en vertu de l'article 1er, pour des « faits qui se seraient produits pendant l'exercice 1877, « seront restituées ». Suivant l'opinion que l'on admet sur la question du remboursement des amendes acquit- tées, quand l'acte d'amnistie est muet sur ce point, on dira que cet article étend les effets ordinaires de l'amnistie ou qu'il les restreint, en limitant la restitu- tion à certaines amendes.

M. Batbie, dans le savant rapport qu'il fit au Sénat, à l'occasion de cette loi, donna deux raisons de cette innovation. D'abord, les amnisties antérieures ayant toutes été accordées par des ordonnances ou des décrets, leurs rédacteurs avaient pu croire, non sans raison, qu'un acte du pouvoir exécutif ne suffisait pas pour disposer de sommes appartenant au Trésor ; mais, aujourd'hui où l'amnistie est un attribut du pouvoir législatif, aucun doute ne peut s'élever à ce sujet. Ensuite, les amnisties, accordées par ces ordonnances ou décrets, étaient illimitées, en ce sens que les effets en remontaient très-haut dans le passé ; il aurait fallu restituer des amendes acquittées depuis de longues années, ce qui rendait difficile l'appréciation des consé- quences pécuniaires qu'aurait produites une mesure de clémence aussi étendue ; ici, cet inconvénient n'existe pas, puisqu'on limite à un intervalle de temps déter- miné, l'exercice 1877, la restitution des amendes.

Les lois d'amnistie, postérieures à la loi du 2 avril 1878, sont, en général, revenues aux anciens principes. La loi du 19 juillet 1889, notamment, porte, dans son article 7, que « les sommes recouvrées, à quelque titre » que ce soit, ne seront pas restituées » et la loi du 11 juillet 1880 formule la même règle pour les frais de justice. Seule, la loi du 29 juillet 1881 autorise la réclamation des amendes qui ont été payées depuis le 16 février 1881, jour du vote de ladite loi à la Chambre des députés. M. Pelletan, rapporteur de la loi au Sénat, trouve la raison de cette disposition dans cette considération que les condamnés ont, après le vote de la loi par la Chambre des députés, conçu le légitime espoir d'être affranchis de la peine pécuniaire et que cette attente ne doit pas être détruite par le fait d'une exécution postérieure.

Tout ce que nous venons de dire des amendes nous semble devoir s'appliquer également aux frais de justice, qui, tout en ne présentant pas le même caractère pénal, n'en sont pas moins la conséquence directe d'une condamnation que l'amnistie a pour but d'effacer.

L'effet de l'amnistie sur les confiscations, prononcées par les juges après constatation de la culpabilité du délinquant, dépendra essentiellement du caractère de cette mesure.

A-t-on ordonné la confiscation d'un objet parce qu'il était de nature à présenter des dangers ou à faciliter des fraudes, comme s'il s'agit de marchandises frela-

tées et nuisibles, ou de faux poids et fausses mesures ?
Alors, il y a eu une mesure de police et d'ordre public,
qu'en l'absence d'une clause formelle l'amnistie ne
saurait infirmer. Aussi, dans ce cas, nous reconnaî-
trions à l'Etat le droit d'exiger, malgré l'amnistie, la
remise des objets qui ne lui aurait pas encore été faite.
Cependant, un doute assez sérieux peut naître de cette
considération que les poursuites et voies d'exécution,
rendues peut-être nécessaires par la résistance du dé-
tenteur des objets confisqués, seront de nature à raviver
le souvenir des faits que l'on veut faire oublier. Que
si la remise des objets confisqués a été opérée avant
l'amnistie, cette considération n'existe plus et alors
l'Etat a incontestablement le droit de les conserver.

Si, au contraire, la confiscation a exclusivement le
caractère d'une peine, ce qui arrive lorsque les objets
qu'elle frappe n'ont en eux-mêmes rien de dangereux
ni d'illicite, alors, par l'effet de l'amnistie, l'Etat perd
le droit d'exiger les objets qui ne lui ont pas été
remis. On pourrait même soutenir, en s'appuyant sur
les deux raisons que nous avons fait valoir en parlant
de l'amende, qu'il est tenu de restituer les objets
confisqués qu'il détient. Seulement, comme, la plupart
du temps, il ne conserve pas la possession de ces
objets, ce serait vouloir une chose impossible que de
lui en imposer la restitution.

Les déchéances de droits, prononcées par les tribunaux ou attachées par la loi à certaines condamnations, cessent au jour de l'amnistie. Il n'y a pas à tenir compte de la raison d'être des différentes déchéances contenues dans le code pénal. Qu'elles soient, comme la dégradation civique, une conséquence directe de l'indignité du coupable ; qu'elles aient pour but, comme l'incapacité de disposer et de recevoir à titre gratuit, le maintien de l'égalité du châtiment entre les détenus ou qu'elles soient, comme l'interdiction légale, la conséquence indirecte et nécessaire de la privation de la liberté, il n'importe : toutes disparaissent par l'effet de l'amnistie.

Il faut toutefois admettre une exception pour la déchéance de la puissance paternelle. D'après la loi du 24 juillet 1889, certaines condamnations entraînent, de plein droit, cette déchéance ; d'autres autorisent seulement les juges à la prononcer. Aux termes de l'article 5, les pères et mères, déclarés déchus de la puissance paternelle à la suite d'une condamnation, « ne « peuvent être admis à se faire restituer la puissance « paternelle qu'après avoir obtenu leur réhabilitation ». Ce texte nous semble trop précis et trop formel, pour que l'on puisse reconnaître à l'amnistie un effet que la loi n'attribue qu'à la réhabilitation.

L'application de l'amnistie aux peines privatives de droits ne paraît pas de nature à soulever des difficultés. L'amnistié recouvre ses droits et facultés, à dater du jour de l'amnistie, mais ses incapacités ne cessent pas rétroactivement. Ainsi, le testament, fait par un condamné à une peine afflictive perpétuelle, restera nul, bien que son auteur ait bénéficié depuis d'une mesure d'amnistie (1).

Indépendamment de la suppression immédiate et absolue des peines dérivant de la condamnation qu'elle efface, l'amnistie présente, au seul point de vue pénal, des conséquences intéressantes : elles dérivent toujours de ce principe, que la condamnation est anéantie et que le caractère délictueux du fait amnistié disparaît entièrement.

Un délit amnistié ne doit pas être pris en considération, pour donner à un second délit, commis depuis l'amnistie, le caractère de la récidive. C'est un point constant, en doctrine comme en jurisprudence (2). Ne pourrait-on pas cependant soutenir, avec quelque apparence de raison, que celui-là est indigne de profiter de l'amnistie, qui commet, après cet acte de clé-

(1) Au cas spécial où la dégradation civique, encourue par un officier ministériel, a amené sa destitution et, d'après l'article 91 de la loi du 28 avril 1816, emporté confiscation de la valeur pécuniaire du droit de présentation, c'est à-dire, de la propriété de l'office, on peut se demander comment l'officier ministériel amnistié recouvrera le droit à son office. L'Etat, qui en aura disposé à titre onéreux, devra-t-il restituer au titulaire dépossédé la valeur pécuniaire de l'office, dont il a bénéficié ? Il nous semble difficile de l'admettre. Les amnistiés ne peuvent être réintégrés que dans les droits qui ne sont pas irrévocablement perdus pour eux.

(2) *Cass.*, 19 mai 1854, D. P., 54, 1, 210 ; Rouen, 24 avril 1853, D. P., 53, 2, 108.

mence, un délit analogue ou semblable à celui qui lui
a été pardonné ? Nous rappellerons, pour répondre à
cette objection, que l'amnistie est rarement dictée par
un sentiment de commisération et que son but n'est
pas d'obtenir la moralisation des condamnés. Signalons,
à ce propos, la loi du 23 floréal an IV, qui a interprété,
de la manière suivante, la loi d'amnistie du 8 floréal
an III : les peines, encourues par les chouans, étaient
suspendues aussi longtemps que durerait leur soumis-
sion à la République, mais, du jour où ils se remet-
traient en état de rébellion, ils devaient subir même
les peines prononcées pour des délits antérieurs à
l'amnistie. De même, dans une amnistie accordée en
1698 aux faux-sauniers du royaume, on relève cette
disposition assez curieuse « que si les amnistiés ve-
« naient dans la suite à reprendre le faux-saunage, ils
« seraient réputés avoir récidivé et punis comme réci-
« diveurs ». Ces dispositions spéciales ne contiennent-
elles pas comme le germe de l'idée qui a inspiré l'auteur
de la loi du 26 mars 1891, sur le sursis à l'exécution
des peines ?

De ce que la condamnation amnistiée doit être, à
tous les points de vue, considérée comme inexistante,
il résulte encore : — qu'elle ne sera pas comptée pour
rendre celui qui l'a subie passible des peines de la
rélégation (loi du 27 mai 1885) ; — qu'elle ne s'opposera
pas à l'obtention du sursis à l'exécution des peines,
établi par la loi du 26 mars 1891 ; — ni à l'obtention, de

plein droit, du bénéfice de la liberté provisoire, dans le
cas prévu par l'art. 113 du Code d'instruction criminelle ; — qu'elle devra être effacée du casier judiciaire
où elle était inscrite ; — enfin, qu'on ne pourra en obtenir la révision ; cependant, si le texte de l'amnistie n'en
a pas déclaré les conséquences opposables aux tiers,
l'amnistié sera autorisé à demander la révision de la
sentence qui l'aurait condamné à des dommages et
intérêts, à supposer qu'il se trouve dans l'un des cas
de révision, admis par le Code d'instruction criminelle.

Il nous reste à examiner comment il est possible
d'appliquer l'amnistie en cas de confusion de deux ou
plusieurs peines et quelle influence cette mesure doit
avoir sur la situation du complice.

Lorsqu'un même agent s'est rendu coupable de plusieurs infractions, avant d'avoir été condamné pour
aucune d'elles, il est de principe, dans notre droit criminel, qu'en matière de crimes et de délits, la peine
motivée par l'infraction la plus grave, c'est à dire, la
peine la plus forte, absorbe toutes les autres et doit
être seule prononcée. C'est la règle du non cumul
des peines, édictée par l'article 365 du Code d'instruction criminelle : « En cas de conviction de plusieurs
« crimes ou délits, la peine la plus forte sera seule
prononcée. » Si un accusé a été condamné à une seule
peine, dans un même débat, à raison de faits politiques

et de délits de droit commun et qu'une amnistie vienne
effacer seulement les délits politiques, quelle en sera
l'influence sur cette condamnation, en quelque sorte
mixte ? C'est presque toujours dans cette hypothèse
que se présentent les difficultés que nous allons examiner. On ne peut les trancher qu'à l'aide d'une distinction.

Supposons d'abord que le fait amnistié entraînait
la peine la plus forte. Cette peine unique va-t-elle être
entièrement abolie ? Dans un arrêt du 7 juin 1851 (1),
la Cour de Paris s'est prononcée dans le sens de l'affirmative ; elle a admis qu'en cas de conviction de
plusieurs délits, si celui qui motive l'application de la
peine seule prononcée comme étant la plus forte est
un délit politique, il suffit qu'une amnistie soit accordée en faveur des individus condamnés pour les délits
de cette sorte, pour que, la condamnation la plus forte
disparaissant, l'auteur des deux délits, dont un seul a
été puni, jouisse d'une impunité complète. Comment
expliquer, dit la Cour, que l'amnistie, en effaçant la
peine la plus forte, puisse faire apparaître la peine la
plus faible, virtuellement contenue dans la première ?
En vertu de quel arrêt appliquer cette nouvelle peine
à l'amnistié ? Sera-ce en vertu du premier arrêt de
condamnation ? Il ne l'a pas prononcée. Faudra-t-il
une procédure nouvelle ? Un arrêt nouveau ? Qui sai-

(1) Paris, 7 juin 1851, D. P., 52, 2, 81.

sira la juridiction compétente ? Où trouver, sur tous
ces points, une règle dans la loi ?

De très fortes objections ont été élevées contre ce
système. Il entraînerait des conséquences inaccep-
tables. D'une part, tout criminel de droit commun
aurait intérêt à commettre un délit politique pour se
donner la chance d'être libéré par une amnistie.
D'autre part, le complice du délit de droit commun
non amnistié, qui n'aurait pas commis de délit politique, continuerait à subir sa peine, pendant que
l'auteur principal serait mis en liberté. Ne serait-ce
pas accorder une impunité scandaleuse et pleine de
dangers à des criminels de droit commun, parce qu'ils
ont commis en même temps un crime politique ?
D'ailleurs, le but du législateur, en formulant la règle
du non-cumul, a été uniquement d'éviter que l'accu-
mulation de plusieurs peines n'entraînât une répression
d'une rigueur excessive. Pourquoi, dès lors, lorsque
ce danger disparaît par l'effet d'une amnistie, ne pro-
noncerait-on pas une peine, que l'humanité seule de
la loi avait empêché d'appliquer ? Telles sont les
raisons qui ont donné naissance à une autre théorie,
d'après laquelle un nouveau débat et un nouveau
jugement seraient nécessaires. La juridiction compétente pour statuer sur l'incident provoqué par l'amnistie serait alors la juridiction qui a condamné et
elle devrait s'efforcer, dans l'application d'une peine
nouvelle, de concilier les droits de la société et ceux

de l'amnistié, en atténuant la peine sans la supprimer.

Aucune de ces deux opinions ne nous paraît très satisfaisante : la première, parce qu'elle peut aboutir à des résultats iniques, en assurant l'impunité à des infractions qu'il n'a jamais été dans l'esprit du pouvoir amnistiant d'effacer ; la seconde, parce qu'elle porte atteinte à la chose jugée et qu'elle crée une procédure que la loi n'a pas organisée. Il nous semble que, dans de pareils cas, l'amnistie ne peut pas s'appliquer. Elle est prononcée, en effet, pour des faits simples, dans l'espèce pour des faits politiques, et c'est en altérer gravement la nature que de l'étendre à des condamnations mixtes, destinées à réprimer des délits variés. D'autre part, comme la question de savoir dans quelle proportion chacun des délits a contribué à la fixation de l'unique peine serait fort délicate à résoudre, il nous semble difficile de substituer une condamnation nouvelle à celle qui a été prononcée et que l'amnistie a effacée.

Il serait à désirer que, dans tout acte d'amnistie, une disposition spéciale vînt trancher la difficulté que nous venons d'examiner. Dans le silence de la loi d'oubli sur ce point, nous ne croyons pas qu'on doive en appliquer le bénéfice aux individus condamnés à une seule peine pour plusieurs délits.

Le seul moyen de tempérer la sévérité de cette solution sera l'usage de la grâce ou de la commutation de peine. C'est la théorie qui a été soutenue par

M. Dufaure, ministre de la justice, dans une circulaire interprétative de la loi d'amnistie du 2 avril
1878 (1) : « Il est arrivé, disait-il aux procureurs
« généraux, que des prévenus ont été condamnés
« simultanément à raison de faits couverts aujour-
« d'hui par l'amnistie et d'autres délits de droit
« commun. Une peine unique a été prononcée et il
« est impossible de déterminer dans quelle proportion
« chaque délit a contribué à la fixation de la peine.
« En pareil cas, l'amnistie ne peut produire aucun
« effet. Vous vous bornerez donc à me transmettre
« un état des condamnés dont la situation rentre dans
« cette catégorie et à me proposer d'office les remises
« ou réductions de peines qu'il pourrait être équi-
« table de leur accorder ».

L'amnistie accordée, le 23 novembre 1859, par l'empereur François-Joseph, conformément aux stipula-
tions du traité de Villafranca, renfermait les dispositions
suivantes : « S'il avait été prononcé une peine, non
« seulement pour actes politiques punissables, mais
« encore pour crimes et délits communs, le comman-
« dant supérieur de l'armée et le ministre de la jus-
« tice auront à décider définitivement quelles sont
« les commutations de peine à appliquer en ce cas,
« en considération du présent acte de grâce ».

Nous allons maintenant envisager l'hypothèse où le

_____

(1) Circulaire du 3 avril 1878.

fait amnistié était puni d'une peine inférieure ou égale
à celle du délit non couvert par l'amnistie.

Là encore, on a soutenu qu'un nouveau débat était
nécessaire, puisqu'il est impossible de savoir si le juge
n'a pas tenu grand compte, dans l'application de la
peine, du fait que l'amnistie vient anéantir. Mais,
comme dans le cas précédemment examiné, nous
cherchons en vain le fondement juridique d'un système qui crée un cas de révision nouveau.

Il faut, à notre avis, maintenir la peine prononcée,
sauf à tempérer, au moyen de la grâce ou de la com
mutation de peine, la rigueur de cette solution.

Nous avons supposé, jusqu'ici, que la condamnation
à la peine la plus forte était devenue irrévocable avant
la publication de l'amnistie. L'hypothèse inverse peut
se présenter. Un arrêt a prononcé contre un prévenu
une peine unique pour plusieurs délits. Avant que la
condamnation ne soit devenue irrévocable, une amnistie
est publiée, qui couvre l'un de ces délits. Y aura-t-il,
dans ce fait, une cause légitime de pourvoi en cassation
de la part du condamné ?

La jurisprudence fait une distinction. La peine prononcée pour tous les délits est-elle supérieure au maximum de celle qui serait applicable aux délits non
amnistiés ? Alors, sur le pourvoi du condamné, la Cour
suprême casse l'arrêt, parce que la peine prononcée
n'est plus justifiée. Il y a eu fausse application de la
peine et l'affaire est renvoyée devant le tribunal com-

pétent, pour qu'il soit statué sur les seuls délits non
amnistiés (1). Si, à l'inverse, l'unique peine prononcée
ne dépasse pas le maximum fixé pour la répression du
délit non amnistié, la Cour de cassation rejette le
pourvoi (2) (3).

On peut critiquer cette solution. La Cour s'appuie
sur l'article 411 du Code d'instruction criminelle, qui
prévoit le cas où il y aurait eu erreur dans la citation
du texte de loi visé. Il y est dit que, lorsque la peine
prononcée est la même que celle portée par la loi
que les juges ont omis de citer, nul ne pourra demander
l'annulation de l'arrêt, sous le prétexte qu'il y aurait
erreur dans la citation du texte de loi. C'est logique,
car le condamné n'a subi aucun préjudice réel. Dans
notre hypothèse, les conditions sont tout autres. Alors
même que la peine unique, prononcée pour deux ou
plusieurs infractions, dont l'une est ensuite amnistiée,
ne dépasserait pas le maximum de la peine édictée
pour les délits non amnistiés, son maintien rigoureux

(1) Cass., 11 avril, 1878, D, P., 78, 1, 398.
(2) Cass., 23 mai 1878, D. P., 79, 1, 43.
(3) C'est, sans doute, cette distinction qu'a voulu consacrer la loi
d'amnistie du 27 avril 1898, dans son article 6, § 2, ainsi conçu :
« La peine prononcée sera subie toutes les fois qu'elle sera justifiée
par les faits autres que l'insoumission ou la désertion. Dans le cas
contraire, aucune peine ne sera subie ». Seulement, dans cette hypothèse, il s'agit d'une condamnation irrévocable. L'article précité
nous semble devoir être interprété en ce sens qu'une peine prononcée
pour deux délits, dont l'un est amnistié par ladite loi, ne doit être
subie que si elle ne dépasse pas le maximum de la peine applicable
au délit non amnistié.

ne semble pas justifié. On ignore si les juges n'ont pas tenu compte du cumul des délits, si cette circonstance n'a pas fait aggraver la condamnation. Pourquoi donc, lorsqu'il reste une voie de recours contre la sentence, refuser d'admettre un nouveau débat ? D'ailleurs, quand un arrêt a puni d'une seule peine deux délits distincts, dont l'un était prescrit, la Cour suprême casse avec renvoi, sans faire de distinction. Quelle raison y a-t-il de ne pas appliquer la même solution, dans le cas où l'impossibilité d'appliquer la loi pénale à l'un des délits résulte d'une amnistie ?

De ce que l'amnistie efface le caractère délictueux du fait qu'elle vise, il faut conclure que ses effets doivent s'étendre à tous les individus ayant participé, à un titre quelconque, à l'infraction amnistiée. Le complice a, aussi bien que l'auteur principal, le droit de l'invoquer, car cette cause d'extinction de l'action publique n'a rien de personnel. En d'autres termes, il ne faut pas ranger l'amnistie parmi ces faits qui mettent un des codélinquants à l'abri de toute peine, sans que son impunité profite à ses coauteurs ou complices. En équité d'ailleurs, on ne concevrait pas qu'un individu qui serait dans les conditions voulues pour bénéficier d'une amnistie, s'il était auteur principal, fût dépouillé de cet avantage, parce qu'il n'aurait participé au délit que par sa complicité, c'est-à-dire, par un acte qui, d'ordinaire, implique une perversité moins grande et suppose une intention criminelle moins arrêtée.

La Cour de cassation a toujours consacré le principe de l'extension des effets de l'amnistie aux complices du délit amnistié (1). Dans la doctrine, M. Carnot est le seul auteur qui n'admette pas absolument cette théorie (2). Il distingue suivant que l'amnistie porte sur la chose, c'est-à-dire, sur l'infraction même, ou sur les individus. Au premier cas, il admet que tous ceux qui ont participé au fait délictueux soient compris dans l'amnistie. Que si, au contraire, la loi d'oubli vise les agents et non les actes, d'après lui, ceux-là seulement, qui y sont spécialement désignés, doivent en profiter et, si la loi n'a compris dans ses termes que les auteurs, elle n'est pas applicable aux complices. En principe, nous rejetons cette distinction qui donne trop d'importance à une simple formule de rédaction et qui mérite le reproche plus grave de méconnaître le caractère principal de l'amnistie, applicable directement à l'acte et indirectement aux agents. Cependant, si, exceptionnellement, l'acte d'amnistie spécifiait nominativement les individus appelés à en bénéficier, il serait difficile d'en justifier l'extension à d'autres qu'à ceux-là.

Le principe que l'amnistie, dont profite l'auteur principal, s'étend au complice comporte des réserves dans son application.

(1) Cass., 6 janvier 1809, 4 mai 1810, 10 mai 1810, 17 mai 1810. Dalloz, Rép. V° *Amnistie*, n°ˢ 108, 109, 110.
(2) *Instruction criminelle*, t. I⁰ʳ, p, 6, 25.

Si le fait, qui constitue la complicité, caractérise en même temps, à lui seul, un délit distinct, l'amnistie ne l'effacera pas ou, du moins, elle ne l'effacera qu'en tant que fait de complicité. Comme délit distinct, il subsiste et laisse ses auteurs exposés aux peines prévues par la loi. Supposons que des faux aient été commis dans le but de soustraire des conscrits au service militaire ou pour favoriser des désertions. Postérieurement, une amnistie est accordée aux déserteurs et aux réfractaires. Elle couvrira les faux commis par les complices, si ces faux n'ont eu pour effet et ne pouvaient avoir pour objet que de soustraire les déserteurs et les réfractaires au service militaire ; dans ce cas, le fait d'avoir commis un faux, ne tenant son caractère délictueux que du délit qu'il avait pour but de faciliter et ce délit étant anéanti, le faux lui-même disparaît et ne peut motiver ni poursuite, ni condamnation (1). Mais, si le faux était de nature à produire effet en dehors de l'infraction amnistiée et si, en fait, il a causé préjudice à des tiers par un usage autre que celui auquel il était principalement destiné, alors il y a, à côté de la complicité dans la désertion, un fait qui offre en lui-même les caractères d'un délit principal et qu'une amnistie accordée aux déserteurs ne suffit pas à faire disparaître (2). Il en serait ainsi,

(1) Cass., 6 janvier 1809, 4 mai 1810, 17 mai 1810, Dalloz, *Rép.*, V° *Amnistie*, n°ˢ 108, 109, 110.

(2) Cass., 4 mai 1810, 19 juillet 1810, Dalloz, *Rép.*, V° *Amnistie*, n° 113.

notamment, au cas où le faux aurait porté sur un acte
de l'état civil.

Il peut arriver aussi que l'effet de l'amnistie ne
puisse pas s'étendre au complice, à raison d'une situation qui lui est personnelle et d'où résulte pour lui
un délit spécial. C'est ce qui explique comment la
Cour de cassation a pu, par un arrêt du 10 mai 1811,
refuser d'appliquer le décret du 25 mars 1810 aux
gendarmes qui avaient favorisé la désertion. On se
trouvait en présence d'un délit distinct de la désertion,
consistant dans l'abus fait par les gendarmes de leurs
fonctions, délit puni spécialement par la loi du 24 brumaire an VI, qui obligeait les fonctionnaires publics
à exécuter strictement les lois relatives aux déserteurs.
Contre cette théorie on ne saurait argumenter d'un autre
arrêt de la Cour suprême, qui a décidé que le décret
d'amnistie du 23 avril 1814 couvrait l'homicide volon-
taire, commis par un complice sur un agent de la force
armée agissant pour l'exécution des lois relatives à la
conscription (1). Les termes très étendus du décret,
qui visait les « faits et délits relatifs à la conscription »
expliquent suffisamment cette décision et montrent
bien que la solution, donnée dans l'espèce, ne saurait
être généralisée.

Il faut appliquer aux « faits accessoires » au délit
amnistié, commis par l'auteur même du fait principal,

_____

(1) Cass., 10 août 1815, *Bull. cass. crim.*, 1815, n° 44.

les mêmes règles qu'aux faits de complicité. Ceux de ces faits qui, par eux-mêmes, constituent des infractions ne seront pas couverts pas l'amnistie (1), tandis qu'au contraire celle-ci comprendra les faits dont le caractère délictueux dépend exclusivement de la criminalité des faits amnistiés.

Pour reprendre une des hypothèses examinées à propos de la complicité, supposons qu'en vue de se soustraire au service militaire, un individu commette un faux en écriture privée ; l'amnistie effacera le faux en même temps que le fait d'insoumission. Que si un déserteur, pour s'évader, a tué une sentinelle, s'il a dérobé des effets, ces délits connexes, l'homicide et le vol, devront être poursuivis et punis, même après qu'une amnistie sera venue couvrir le fait principal de désertion.

La Cour de cassation nous paraît avoir méconnu ces principes : par une inconséquence difficile à justifier, elle traite les faits accessoires, commis par l'auteur principal, moins rigoureusement que les faits perpétrés par les complices. Ainsi, d'un côté, elle a jugé que le bénéfice de l'amnistie, accordée aux déserteurs par le décret du 25 mars 1810, ne s'étend point au complice

---

(1) Nous trouvons l'application de ce principe dans la loi du 27 avril 1898, portant amnistie pour les délits d'insoumission et de désertion. L'article 6, § 1, de cette loi dispose qu' « en cas de condamnation pour autres infractions connexes ou concomitantes, le bénéfice de l'amnistie ne sera acquis que pour les délits d'insoumission ou de désertion »

7

dans les cas d'attaque, résistance ou assistance contre
la force armée (1) ; d'un autre côté, elle a décidé que
cette même amnistie s'appliquait au conscrit réfrac-
taire, ayant résisté avec violence à la gendarmerie pour
ne pas rejoindre son drapeau (2). Or la résistance avec
violence à la force publique devait être considérée
comme un délit distinct. On ne voit aucune raison de
traiter des faits identiques d'une manière différente,
suivant qu'ils ont été commis par l'auteur principal
ou par un complice.

-----

## SECTION II.

### DES EFFETS DE L'AMNISTIE AU POINT DE VUE DES CONSÉQUENCES CIVILES DE L'INFRACTION.

SOMMAIRE : 1. Effets de l'amnistie sur l'action civile, née du préjudice causé
par l'infraction. — Principe : l'amnistie respecte les droits des tiers, à
moins d'une clause expresse : cette clause est-elle légale ? — Application
du principe. Trois hypothèses : — 1°) Le tiers lésé a obtenu, au jour de
l'amnistie, une condamnation à des dommages et intérêts : il conserve le
droit de faire exécuter cette condamnation ; mais, peut-il user de la
contrainte par corps ? Controverse ; interprétation de l'article 6 de la
loi du 19 juillet 1889. — 2°) Le tiers lésé a, au jour de l'amnistie, saisi
de son action la juridiction répressive, mais celle-ci n'a pas statué ; elle
reste compétente malgré l'amnistie ; mais la contrainte par corps garan-
tira-t-elle l'exécution des jugements qu'elle rendra ? Controverse ; —
3°) Le tiers lésé n'a pas, au jour de l'amnistie, porté son action en justice ; il pourra agir, malgré l'amnistie, mais seulement devant les tribunaux civils. — N'y a-t-il pas une exception à cette règle de compétence, à

-----

(1) Cass., 30 août 1810, — Dalloz, Rép. V° *Amnistie*, n° 112.
(2) Cass., 26 juillet 1810.

l'égard de l'Administration des Forêts ? Controverse ; — Le jugement
rendu ne sera pas muni de la contrainte par corps : — Effet spécial
de l'amnistie sur l'action civile, au point de vue de la prescription.
II. Effets de l'amnistie sur les droits acquis aux tiers, en vertu de la condamnation, mais indépendamment de l'idée de préjudice : 1°) Avant la
loi du 31 mai 1854 ; — 2°) Depuis la loi du 31 mai 1854.

Un fait délictueux ne produit pas seulement un mal
social. Il peut en résulter aussi un dommage pour des
tiers. Ceux-ci ont le droit d'en exiger la réparation.
L'amnistie, qui éteint l'action publique et en efface les
suites, aura-t-elle le même effet sur l'action civile, née
de l'infraction ? Quelle en sera, en outre, l'influence à
l'égard de ces droits qui, sans découler de l'idée de
préjudice, naissent pour les tiers de certaines incapacités dont sont frappés les délinquants ?

Considérons deux points bien distincts. D'abord, à
défaut de disposition formelle, l'amnistie enlève-t-elle
aux faits qu'elle vise leur caractère dommageable ?
D'autre part, le pouvoir social a-t-il théoriquement le
droit, même par une clause expresse, de disposer de
l'action civile et d'en proclamer l'abolition ?

C'est un principe très ancien, déjà admis dans la
législation romaine (1), que les mesures prises par le
pouvoir souverain, même dans un intérêt général, ne
peuvent pas être considérées, en l'absence d'une
volonté expressément manifestée, comme devant porter
atteinte aux droits légalement acquis à des particuliers.

(1) L. 9, 6. Ad. leg. *Cornel. de falsis*, IX, 22, *Princeps, rescripta sua
concedendo, non præsumitur nocere cuiquam velle, nec aliena com-
moda lædere, cum ad communem utilitatem sit genitus.* »

Nous ne voyons aucune raison de ne pas appliquer ce principe à l'amnistie.

On a dit qu'en laissant subsister l'action civile, on s'exposait à perpétuer les souvenirs que l'on cherche à effacer et que, l'intérêt de la société tout entière se trouvant alors en opposition avec celui de quelques individus, le premier devait l'emporter, lorsque le pouvoir qui édicte l'amnistie n'a pas cru devoir réserver formellement aux particuliers l'exercice de leurs actions personnelles. Mais, le meilleur moyen d'entretenir les haines et même de les faire naître n'est-il pas de léser des intérêts privés respectables et ne serait-ce pas, le plus souvent, enlever à l'amnistie une partie de son efficacité, que de lui attribuer de tels effets ? Si l'on prévoit que les actions civiles soient de nature à troubler la paix publique, le pouvoir amnistiant devra manifester clairement sa volonté d'en paralyser l'exercice. La règle générale est que chacun a le droit de réclamer la réparation du dommage qui lui a été injustement causé. Priver les particuliers d'un droit si légitime serait une exception et les exceptions ne se présument point.

On pourrait peut-être objecter que, si les auteurs des amnisties ont cru nécessaire d'y insérer parfois une réserve formelle des droits des tiers (1), c'était

(1) V. notamment : Ordonnances du 8 novembre 1830, art. 4 ; du 30 mai 1837, art. 4 ; Décret du 14 août 1869, art. 3 ; Lois du 29 juillet 1881, art. 70 ; du 19 juillet 1889, art. 7.

parce qu'ils considéraient que la suppression de ces
droits eût été la conséquence naturelle de l'amnistie.
Nous croyons que cet argument de texte n'a pas grande
valeur et qu'il ne faut voir dans ces dispositions spéciales que le désir du législateur d'éviter les contes-
tations que son absence aurait pu faire naître sur ce
point.

La doctrine est presqu'unanime à admettre le principe que nous venons de poser. Nous ne connaissons
qu'un seul auteur, M. Legraverend, qui l'ait nié (1).
Quant à la jurisprudence, elle le consacre sans hési-
tation (2).

On peut se poser la question de savoir si, théoriquement, le pouvoir social aurait le droit de disposer de
l'action civile et d'en proclamer l'abolition. Que l'État
dispose, à son gré, de l'action publique, dont il est le
maître, rien de plus facile à justifier. Mais, qu'il vienne
enlever aux parties lésées par un délit l'action
civile qui leur appartient, cela ne semble-t-il pas constituer un excès de pouvoir et une spoliation ? Que
deviendrait alors le principe inscrit au frontispice de
notre Code civil, comme une garantie des droits acquis
aux tiers, « la loi ne dispose que pour l'avenir ; elle

(1) *Etude sur la Législation criminelle.*
(2) Cass., 19 mai 1848, D. P., 48, 1, 102 ; 9 février 1849, D. P., 49,
1, 125 ; 17 déc. 1869, D. P., 70, 1, 372 ; 22 déc. 1870, D. P., 71, 1, 192 ;
9 janvier 1880, D. P., 80, 1, 285 ; 27 mai 1881, D. P., 82, 1, 391 ;
17 mars 1882, D. P., 83, 1, 141. — Alger, 27 février 1882, Poitiers, 7 août 1889, D. P., 91, 2, 27 ; S. 90, 2, 29.

« n'a pas d'effet rétroactif (1) » ? Et M. Faustin Hélie
n'a-t-il pas raison, quand il dit : « La lésion établit un
« droit à la réparation. Comment pourrait-il appar-
« tenir à la loi d'anéantir cette loi de réparation, la
« première des lois pénales ? (2) »

Cependant, la grande majorité des auteurs reconnaît
ce droit à l'État. Ils apportent d'ailleurs à leur théorie
des tempéraments qui la rendent parfaitement accep-
table. Le pouvoir social, disent-ils, a le droit de
déclarer que toutes actions privées, nées des infractions
amnistiées, seront éteintes, mais à la condition d'in-
demniser lui-même les personnes lésées par ces infractions, car nul ne peut être privé de sa propriété, pour
cause d'utilité publique, que moyennant une juste
indemnité (3). En outre, presque tous sont d'avis que
l'abolition des actions civiles ne peut résulter que d'une
loi ; ils refusent cet effet aux ordonnances et aux
décrets d'amnistie. Une mesure du pouvoir exécutif
ne saurait léser les droits des tiers, car il est de principe que les citoyens ne peuvent être expropriés, par
un acte du pouvoir exécutif des droits qu'ils tiennent,
de la loi (4). Ajoutons enfin, à l'appui du système

---

(1) Code civil, art. 2.

(2) *Traité de l'Instruction criminelle.*

(3) Il n'est pas à notre connaissance que l'État ait jamais poussé
la générosité jusque là.

(4) La Cour de cassation semble partager cette manière de voir,
dans un arrêt du 9 février 1849 (D. P., 49, 1, 125), où elle laisse
clairement entendre que l'amnistie ne peut étendre ses effets jusqu'aux intérêts civils que si elle émane du pouvoir législatif.

généralement admis, que le principe de la rétroactivité n'est point un principe constitutionnel, qui soit au-dessus de la compétence du pouvoir législatif.

En fait, l'Etat a, du reste, très rarement usé de ce droit. Le décret de la Convention nationale, du 22 août 1793 (1), est, croyons-nous, le seul acte d'amnistie qui ait déclaré abolir « les actions civiles « et privées comme les poursuites purement crimi-« nelles », ainsi que les jugements qui s'en sont suivis.

La règle fondamentale est donc que l'amnistie respecte les droits des tiers. Nous allons montrer les con-séquences pratiques qui en résultent.

Il va de soi que, si la partie lésée par l'infraction amnistiée a déjà reçu les dommages et intérêts, elle ne saurait être contrainte de les restituer. Il n'est pas douteux non plus qu'elle conserve le droit d'exiger ceux qui lui avaient été déjà alloués par la justice, au moment où est survenue l'amnistie.

Mais, on s'est demandé si elle devait conserver éga-lement le bénéfice de la contrainte par corps qui lui en garantit le recouvrement. La cour d'Alger ne l'a pas admis (2) et son argumentation semble, au pre-mier abord, à l'abri de toute critique. L'amnistie, dit-elle, a pour effet d'enlever aux faits, auxquels elle

_____

(1) Décret interprétatif du décret de l'Assemblée nationale du 14 septembre 1791.

(2) Arrêt du 27 février 1882.

s'applique, leur caractère délictueux : ils doivent être considérés désormais, comme n'ayant jamais eu d'autre caractère que celui de simples faits dommageables. de nature à entraîner l'application de l'article 1382 du Code civil. Or, la contrainte par corps n'a été maintenue, par la loi du 22 juillet 1867, à l'égard des condamnations pécuniaires en matière criminelle ou correctionnelle, qu'à raison du caractère délictueux des faits qui les motivent. Le recouvrement des sommes dues en vertu de ces condamnations ne pourra donc plus être poursuivi au moyen de cette voie d'exécution, dès que les faits, sur lesquels elles reposent, auront perdu le caractère d'un crime ou d'un délit.

Ce raisonnement n'est que spécieux et c'est à bon droit que M. Esmein, l'éminent professeur à la Faculté de Droit de Paris, en a fait ressortir l'inexactitude dans une note sur l'arrêt précité de la Cour d'Alger. Quand, sur l'action publique, le prévenu a été condamné à une peine, qu'en même temps la partie lésée a obtenu de la juridiction répressive une condamnation à des dommages et intérêts et que ces décisions judiciaires ont acquis force de chose jugée avant l'amnistie, ce qui était le cas soumis à la Cour, le bénéfice de la contrainte par corps doit être considéré comme définitivement acquis au demandeur. Le priver, à ce moment, de ce qui est peut-être sa seule garantie contre un débiteur de mauvaise foi, c'est lui ravir un droit dont rien, sans l'amnistie, n'aurait pu le dépouiller ; c'est faire subir à un tiers un préjudice pécuniaire que, d'après le principe formulé plus haut, l'amnistie ne saurait raisonnablement entraîner. D'ailleurs, la contrainte par corps, maintenue par la loi de 1867, n'est pas une peine. C'est surtout une garantie de paiement. Rien ne s'oppose donc à ce qu'elle puisse survivre à l'amnistie, qui n'efface que les conséquences pénales des condamnations. Enfin, le jugement que la partie civile a obtenu de la juridiction répressive est sûrement maintenu à son profit; or, la contrainte par corps, n'étant en réalité qu'une qualité attachée à ce jugement, on ne saurait l'en disjoindre, sans manquer de logique et tomber dans l'arbitraire.

Il faudrait donner une solution différente, au cas où la condamnation pénale, d'où résultent en même temps, au profit de la partie lésée, le droit à des dommages et intérêts et le bénéfice de la contrainte par corps, ne serait pas encore devenue irrévocable, au jour où survient l'amnistie. Ici, le condamné n'a qu'à faire appel pour tout remettre en question. Un acquittement peut être la conséquence de cet appel, de sorte que, même en mettant de côté toute idée d'amnistie, la partie civile risque d'être privée du bénéfice de la contrainte par corps, qui suppose une condamnation pénale. Dans cette hypothèse, cette voie d'exécution exceptionnelle, ne constituant plus un droit irrévocablement acquis au tiers lésé, au jour où survient l'amnistie, celle-ci peut l'en priver sans injustice.

Les actes d'amnistie contiennent quelquefois une disposition spéciale, portant décharge de la contrainte par corps en faveur des individus contre lesquels elle pourrait être exercée. On en trouve notamment un exemple dans l'art. 6 de la loi du 19 juillet 1889. C'est, du moins, l'interprétation que ce texte nous semble comporter. Un arrêt de la Cour de Poitiers, du 7 août 1889, a cependant décidé que la loi en question, « ne « s'occupant de l'abolition des délits et des peines « qu'au point de vue exclusif de l'action publique, la « disposition de l'article 6 ne saurait atteindre la con- « trainte par corps qui s'attache aux condamnations « et réparations civiles » (1). Mais, la généralité des termes de la loi, « remise est faite de la contrainte « par corps aux individus contre lesquels elle est ou « peut être exercée... », ne nous paraît pas autoriser la distinction faite dans cet arrêt.

De ce que l'amnistie ne doit porter aucune atteinte aux droits des tiers, il résulte encore que la juridiction répressive, régulièrement saisie de l'action civile, acces- soirement à l'action publique, reste compétente pour statuer sur cette action, malgré l'extinction de l'action publique par la survenance d'une amnistie. La juris- prudence est constante en ce sens (2). Comme le dit

(1) Poitiers, 7 août 1889, S., 90, 2, 29.
(2) Cass., 17 décembre 1869. D. P., 70, 1, 372 ; 31 décembre 1869. D. P., 70, 1, 378 ; 9 janvier 1880, D. P., 80, 1, 285 ; Lyon, 25 août 1880,

l'arrêt, très fortement motivé, de la Cour de Lyon, « en
« établissant le droit d'option entre les juges de l'ac-
« tion civile et les juges de l'action publique, la loi a
« nécessairement garanti à la partie plaignante que,
« devant les uns comme devant les autres, justice lui
« serait rendue ; cette garantie constitue au profit du
« justiciable un véritable droit acquis qui ne doit souf-
« frir aucun dommage des différentes péripéties que
« peut subir l'action publique ; celui qui, confiant dans
« la loi, s'est engagé dans une voie indiquée par elle,
« voie qu'il lui est ensuite défendu d'abandonner, par
« application de la maxime « *Electâ unâ viâ non*
« *datur recursus ad alteram* », a bien le droit d'être
« jugé ; s'il en était autrement, s'il était exposé, après
« avoir fait des frais, après une longue attente, plus ou
« moins préjudiciable à ses intérêts, à venir se heurter
« à une sorte de déni de justice, il ne serait plus vrai
« de dire qu'une amnistie, mesure toute politique, ne
« préjudicie en rien aux droits d'une partie civile ; il
« ne suffit pas en effet que ces droits soient sauve-
« gardés *in abstracto ;* ils doivent encore l'être *in*
« *concreto,* c'est-à-dire, tels qu'ils sont et dans l'état
« où ils se trouvent au moment où survient l'am-
« nistie. »

Si, aux termes de l'article 3 du Code d'instruction

D. P., 81, 2. 4 ; Trib corr. Nevers, 13 août 1881. D. P., 82, 3, 189 ;
Cass. 16 mars 1882, D. P., 82, 1, 239 ; 9 janvier 1882, S., 82, 1, 485 ;
17 mars 1882, D. P., 83, 1, 141 ; 11 mai 1895, S., 95, 1, 377.

criminelle, l'action civile peut être poursuivie en
même temps et devant les mêmes juges que l'action
publique, ce cumul de deux actions devant une même
juridiction ne tend pas néanmoins à les confondre.
Elles demeurent, au contraire, distinctes et par leur
nature et par l'intérêt dont elles procèdent : le sort de
l'une ne peut avoir aucune influence sur le sort de
l'autre ; le ministère public et la partie civile gardent
chacun leur rôle, si bien que le désistement de l'un
d'eux ne peut produire d'effet que sur l'action qui lui
est propre.

Cette règle de compétence doit être suivie, quelle
que soit la juridiction répressive saisie. Au cas où c'est
une Cour d'assises, on peut se demander, quand une
amnistie a éteint l'action publique, si la Cour doit
statuer sur l'action civile, seule, ou avec l'assistance
du jury.

La Cour suprême a cassé, avec raison, un arrêt de
la Cour d'assises du Calvados, du 7 février 1895, qui
avait décidé que « la compétence de la Cour ne saurait exister qu'avec le concours du jury » (1). Par
suite de l'amnistie, la question de culpabilité ne se
pose plus et le jury, connaissant seulement de la culpabilité et des circonstances qui l'atténuent ou l'ag-
gravent, n'a plus à intervenir, dès lors que les seules
questions qu'on pouvait lui poser ne sont plus à ré-

(1) Cass., 11 mai 1895, S., 95, 1, 377.

soudre, puisque la criminalité du fait a disparu. La
Cour doit statuer seule. Les jurés ne sont pas faits
pour donner une sorte de consultation préalable, dont
les conséquences civiles seraient ensuite appliquées par
la Cour. Si l'on objecte qu'alors le prévenu est tout à
la fois privé de la garantie du jury et du double degré
de juridiction, on peut répondre que le jury n'est
accordé qu'à l'accusé ayant à se justifier d'un crime
ou d'un délit et non au défendeur à une simple action
civile. Quant à la privation du double degré de juridiction, n'en est-il pas de même, lorsque la Cour con-
damne à des dommages et intérêts l'accusé acquitté
par le jury ?

C'est une question controversée que celle de savoir
si le jugement, rendu par la juridiction répressive, sta-
tuant exclusivement sur l'action civile, peut être exécuté au moyen de la contrainte par corps.

La Cour de Paris a admis l'affirmative, en posant
comme seule condition que la partie civile ait saisi la
juridiction répressive par une citation régulière, antérieure à l'amnistie (1). Il est dit dans l'arrêt que le
droit de la partie lésée à une réparation, réservé expressément dans l'espèce par la loi du 29 juillet 1881 (et
la solution aurait été la même, en l'absence d'une
réserve expresse, puisqu'il est de principe qu'un acte
d'amnistie, même muet à cet égard, respecte les droits

(1) Paris, 30 mai 1882, D. P., 83, 2, 39.

des tiers), ne serait pas entier, s'il était dépourvu de la sanction de la contrainte par corps, qui lui était acquise avant ladite loi.

Nous n'acceptons pas la théorie de cet arrêt : elle soulève des objections que M. Esmein a remarquablement exposées, dans une note que nous avons déjà eu l'occasion de citer. Le tribunal correctionnel (ou toute autre juridiction répressive), en exerçant cette compétence exceptionnelle qu'on ne lui conteste pas, ne peut faire que ce que ferait le tribunal civil, saisi à sa place. Pas plus que le tribunal civil, il ne saurait prononcer la contrainte par corps contre l'auteur de l'acte dommageable. Il résulte, en effet, de l'économie entière de la loi de 1867 que la contrainte par corps ne peut être prononcée que contre des personnes condamnées sur l'action publique ; or une semblable condamnation est dorénavant impossible. Sans doute, si le bénéfice de la contrainte par corps constituait un droit acquis pour la partie lésée, au jour de l'amnistie, on ne pourrait le lui ravir, sous peine de violer le principe que l'amnistie ne nuit point aux tiers. Mais il n'en est pas ainsi dans notre hypothèse. Le bénéfice de la contrainte par corps n'est rien moins qu'un droit acquis pour la partie lésée : il est subordonné à l'accomplissement d'une condition, à savoir, la condamnation du prévenu sur l'action publique et rien ne prouve que cette condamnation eût été prononcée.

La survenance d'une amnistie, au cours d'une instance d'appel, n'a pas non plus pour effet de dessaisir la juridiction répressive de l'action civile, portée accessoirement devant elle (1). Cela résulte implicitement de l'art. 202 du code d'Instruction criminelle, qui donne le droit d'appel à la partie plaignante pour ses intérêts civils, sans exiger comme condition la coexistence persistante de l'action publique jusqu'à l'arrêt définitif. La même règle est applicable aux instances pendantes devant la Cour de cassation. Il a été jugé, en conséquence, que la Cour suprême (chambre criminelle) saisie, antérieurement à une loi d'amnistie, d'un pourvoi formé contre un arrêt qui condamnait un individu à des peines correctionnelles et à des réparations civiles, doit statuer sur le pourvoi, malgré l'amnistie, mais au seul point de vue de l'action civile (2).

Toujours par application du principe que l'amnistie respecte les droits des tiers, l'extinction de l'action publique, résultant d'une amnistie, ne prive pas la partie lésée du droit d'actionner le bénéficiaire de cette mesure en dommages et intérêts, si elle ne l'a pas déjà fait. Mais, pourra-t-elle porter son action devant la juridiction de répression, comme elle aurait pu le faire sans l'amnistie ?

Un jugement du tribunal de police correctionnelle de la Seine (3) l'avait admis, en se fondant sur ce que,

(1) Cass., 10 mai 1872, D. P., 72, 1, 331.
(2) Cass., 2 mai 1878, D. P., 79, 1, 48.
(3) Trib. de la Seine, 20 février 1861, D. P., 62, 3. 7.

parmi les droits des parties civiles, expressément ou implicitement réservés par la loi d'oubli, se trouvait celui de porter leur action, à leur choix, devant la juridiction civile ou devant la juridiction correctionnelle et de profiter, en prenant la voie correctionnelle, des moyens particuliers d'information et d'exécution qui y sont attachés. La jurisprudence s'est prononcée depuis et avec raison, selon nous, en sens contraire (1). Au moment où agit la partie civile, le fait, qui sert de base à son action, n'existe plus comme délit, mais seulement comme fait dommageable, dépouillé de tout caractère délictueux. Si, aux termes de l'article 3 du Code d'instruction criminelle, l'action civile peut être poursuivie devant les mêmes juges que l'action publique, il résulte implicitement de ce texte que cette compétence exceptionnelle, attribuée à la juridiction répressive, suppose essentiellement l'existence de l'action publique et qu'elle cesse, dès que l'exercice de cette action devient impossible. Les tribunaux civils sont alors les seuls compétents.

Ici se place l'intéressante question de savoir si, après une amnistie, l'Administration des Forêts peut encore, par exception à la règle générale, porter devant les tribunaux correctionnels l'action civile résultant des délits forestiers, ou si, au contraire, elle doit, comme toute partie lésée, saisir les tribunaux civils?

(1) Trib. corr. de Blois, 14 janv 1870, D. P., 70, 3, 76 ; — Cass., 22 décembre 1870, D. P., 71, 1, 192.

Dans une opinion qui a été, jusqu'à ces dernières années, suivie, non seulement par les auteurs, mais par la jurisprudence (1), l'Administration des Forêts aurait toujours le droit de saisir les juges correctionnels. L'article 171 du Code forestier (2) ne se borne pas, dit-on, à enlever au tribunal de simple police, pour l'attribuer au tribunal correctionnel, le jugement de l'action publique, concernant les infractions à la loi forestière qui ont le caractère de contraventions de simple police, dans le cas où cette action est mise en mouvement par l'Administration des Forêts. Il a encore pour effet de soustraire à la juridiction civile et de conférer à la juridiction correctionnelle la connaissance de l'action civile, résultant des délits forestiers et intentée séparément de l'action publique, dans le cas où cette action est exercée par l'Administration des Forêts. Il s'en suit qu'à la différence de ce qui se passe en droit pénal ordinaire, l'action civile, résultant d'un délit forestier, alors que, par un événement quelconque et notamment par une amnistie, l'action publique aurait cessé d'exister, peut et doit

(1) Cass., 26 octobre 1821. Dalloz, *Jur. gén.*, V° *Amnistie*, n° 42 ; Cass., 19 septembre 1832, *eod.*, V. n° 43 ; Orléans, 14 juillet 1831, *eod.*, V. n° 44 ; Grenoble, 6 janvier 1870, D. P., 72, 2, 187.

(2) Art. 171, C. for. : « Toutes les actions et poursuites, exercées au nom de l'administration générale des forêts et à la requête de ses agents, en réparation de délits ou contraventions en matière forestière, sont portées devant les tribunaux correctionnels, lesquels sont seuls compétents pour en connaître ».

être portée isolément par les agents forestiers devant la juridiction correctionnelle.

Mais un arrêt de la Cour de cassation, du 9 mai 1879 (1), a décidé, contrairement à cette jurisprudence, que l'Administration des Forêts ne peut jamais exercer, devant le tribunal correctionnel, l'action civile divisément de l'action publique. La Cour suprême n'admet plus que l'article 171 modifie les règles générales de compétence en ce qui concerne l'action civile. Elle ne reconnaît à ce texte qu'un seul effet, celui d'attribuer exceptionnellement au tribunal correctionnel la connaissance des contraventions forestières (2). Donc, après qu'une amnistie a éteint l'action publique, l'Administration des Forêts ne pourrait agir que devant la juridiction civile.

La solution, consacrée par ce dernier arrêt, peut être critiquée, en tant que contraire, dans une certaine mesure, à la lettre et à l'esprit de la loi. Elle restreint, en effet, à l'action publique la portée de l'article 171, dont les dispositions générales paraissent s'appliquer à l'action civile aussi bien qu'à l'action publique. En

---

(1) Cass., 9 mai 1879, D. P., 83, 1, 183.

(2) Il faut remarquer que la Cour aurait parfaitement pu se dispenser de trancher cette question, à propos de l'affaire qui lui était soumise. Il s'agissait, en effet, d'un délit de droit commun et, comme la Cour le reconnaît elle-même dans le dernier considérant de l'arrêt, l'art. 171, applicable aux seuls délits forestiers, devait, quelle que fût sa portée, rester sans influence dans l'espèce. Quelle nécessité y avait-il, dès lors, à interpréter ce texte ?

outre, elle ne donne pas complète satisfaction au vœu du législateur qui, en étendant la compétence du tribunal correctionnel à toutes les conséquences des infractions à la loi forestière, a eu pour but de faciliter et de simplifier le rôle contentieux de cette administration.

Le jugement, que la partie lésée par l'infraction amnistiée obtiendra des tribunaux civils, ne pourra pas être exécuté au moyen de la contrainte par corps. En effet, aux termes de l'article 5 de la loi du 22 juillet 1867, pour que les condamnations, prononcées par les tribunaux civils au profit de la partie lésée, pour réparation d'un crime, d'un délit ou d'une contravention, puissent être exécutés au moyen de la contrainte par corps, il faut que, préalablement, l'infraction ait été « reconnue par la juridiction criminelle ». Dans l'espèce, il est dorénavant impossible de remplir cette condition ; en droit l'infraction n'existe plus et ne saurait être « reconnue ». D'autre part, cette voie d'exécution spéciale n'existait pas, au jour de l'amnistie, en faveur du tiers lésé et, en lui en interdisant l'exercice, on ne le prive pas d'un droit acquis.

Il est curieux de noter qu'à un point de vue tout particulier l'amnistie améliore la situation de la partie civile. En effet, le sort de l'action civile, qui, avant l'amnistie, était, quant à la prescription, associé à celui de l'action publique, en devient indépendant, puisque l'action publique cesse d'exister. On admet généralement que la prescription pénale n'est plus applicable à l'action civile, quand la cause d'extinction de l'action publique a, comme l'amnistie, supprimé le caractère délictueux du fait générateur de l'action civile (1). De sorte que l'action civile qui, avant l'amnistie, risquait de s'éteindre par l'expiration des délais très courts de la prescription pénale (10 ans, 3 ans, 1 an), ne pourra plus désormais se prescrire que par 30 ans.

De même que l'amnistie ne porte aucune atteinte à l'action en réparation du dommage causé par l'infraction, de même elle laisse intacts les droits acquis à des tiers, qui, tout à fait étrangers à l'idée de préjudice, sont une conséquence indirecte des incapacités encourues par le condamné. Cette proposition avait une grande importance, à l'époque où la mort civile était la suite de certaines condamnations. Il n'est pas sans intérêt, même aujourd'hui, de connaître les difficultés qu'elle avait soulevées avant la loi du 31 mai 1854 et la façon dont on les tranchait.

Les principaux effets de la mort civile étaient : l'ouverture de la succession du condamné et la dissolution de son mariage. Une amnistie, venant à effacer la condamnation d'où était résultée la mort civile, ces effets devaient-ils subsister ?

(1) Garraud, *Précis de droit criminel*, n° 421.

On ne contestait pas que les actes passés par les héritiers du condamné, en cette qualité, antérieurement à l'amnistie, dussent être maintenus ; on admettait aussi que le nouveau mariage, contracté par le conjoint du condamné, demeurait valable. Mais, si le conjoint n'avait pas usé de la faculté de se remarier, son union avec l'amnistié devait-elle être considérée comme rétablie de plein droit ? Et, d'autre part, les héritiers étaient-ils tenus de restituer les biens de la succession qu'ils avaient encore entre les mains ?

La Cour de cassation distinguait entre les droits du conjoint non remarié et ceux des héritiers. Le conjoint, d'après elle, n'avait aucun droit acquis à la liberté, puisqu'il n'en avait pas usé, et l'amnistie rétablissait son mariage, de plein droit, sans qu'il fût besoin d'une nouvelle célébration (1). Quant aux héritiers, la Cour suprême respectait leurs droits, en disant que l'amnistie ne peut porter atteinte aux droits privés irrévocablement acquis.

Cette distinction ne nous semble pas justifiée. Les droits acquis des héritiers et du conjoint non remarié, bien que profondément distincts dans leur nature, devaient être également irrévocables et respectés par l'amnistie. Lorsque les articles 25 et 227 du Code civil prononçaient l'ouverture de la succession et la dissolution du mariage du condamné, ils ne distin-

(1) Cass., 31 juillet 1850. D. P., 50, 1, 321 confirmant un arrêt de la Cour d'Angers du 21 août 1840, D. P., 40, 2, 243.

guaient nullement entre ces deux effets de la mort civile, pour attribuer au premier un caractère absolu d'irrévocabilité, en laissant le second soumis à une chance de révocation, si douteuse qu'elle fût. La différence d'origine et de nature de ces droits ne devait pas suffire à faire établir une distinction qui n'était pas écrite dans la loi. Pourquoi consacrer le premier sans réserve et subordonner le second au fait d'une nouvelle union contractée par le conjoint ? Sans compter que c'était ainsi punir le conjoint devenu libre de ne s'être pas hâté de contracter un nouveau mariage et lui imposer, sans son consentement, le retour à une union que la loi elle-même avait cru nécessaire de dissoudre.

Depuis la loi du 31 mai 1854, des questions analogues, mais de moindre importance, se présentent encore au sujet des incapacités et déchéances qui ont remplacé la mort civile. Il faut appliquer les mêmes principes sur le respect des droits légitimement acquis aux tiers.

Ainsi, ceux qui pouvaient se prévaloir de la nullité du testament, fait par le condamné pendant la durée de sa peine, ne seront pas privés de ce droit par l'amnistie. De même, le condamné étant, on le suppose, incapable de recevoir à titre gratuit pendant la durée de sa peine, les donateurs ou testateurs ou leurs ayants-cause auront le droit, malgré l'amnistie, de conserver les biens donnés ou légués.

Quant au divorce et à la séparation de corps, obtenus

par l'un des époux, à la suite de la condamnation de l'autre à une peine afflictive et infâmante, ils seront, sans aucun doute, maintenus, bien que l'époux condamné bénéficie ultérieurement d'une amnistie. La séparation de corps ne pourra donc cesser que par la réconciliation des époux et, si le divorce a été prononcé, il faudra, pour faire revivre le mariage, une nouvelle célébration. Mais, la question vraiment délicate est celle de savoir si une séparation de corps ou un divorce, exclusivement fondés sur une condamnation à une peine afflictive et infâmante, pourraient être demandés et obtenus postérieurement à l'amnistie. Le droit pour le conjoint de les obtenir est-il irrévocablement acquis, dès que la condamnation pénale est devenue définitive ?

La Cour de Paris, dans un arrêt du 19 août 1847, a décidé que la grâce ne privait pas la femme du droit de demander la séparation de corps ou le divorce, en vertu des articles 232 et 306 du Code civil. Mais la solution faisait d'autant moins de difficultés, dans l'espèce, que la grâce n'efface pas la condamnation. L'amnistie, au contraire, la fait disparaître. Or, la faculté de provoquer la séparation de corps ou le divorce, que la condamnation a donnée au conjoint, peut-elle être considérée comme un droit, avant d'avoir été consacrée par une décision judiciaire ?

D'après M. Garraud (1), une demande en séparation

_____

(1) *Traité théorique et pratique de Droit pénal français.*

de corps ou en divorce, fondée sur une condamnation
pénale, ne serait plus recevable après l'amnistie. Pour
d'autres auteurs, à l'avis desquels nous nous rangeons,
c'est bien un droit que le conjoint acquiert par la
condamnation et l'amnistie, par suite, ne saurait l'en
dépouiller. Par l'infraction, une double offense a été
faite : à la société ; au conjoint. La société est libre
d'oublier, mais elle doit respecter le ressentiment du
conjoint, s'il refuse de reprendre la vie commune.
Pourquoi, d'ailleurs, traiter d'une manière différente
le préjudice moral et le préjudice pécuniaire ? Or,
nous avons vu que l'amnistie n'enlève pas à la partie
lésée dans ses intérêts pécuniaires la faculté d'exiger
une réparation.

On peut se poser la même question, relativement à
l'action en indignité, créée par l'article 727 du Code
civil, contre l'héritier qui serait condamné pour avoir
donné ou tenté de donner la mort au défunt. Cette
action pourrait-elle être exercée, nonobstant une amnistie qui aurait effacé la condamnation de l'héritier ?
Si l'on admet qu'une décision définitive de justice est
nécessaire pour constituer le droit acquis, sur lequel
l'amnistie n'a pas de prise, on décidera que l'héritier
est, par le fait de l'amnistie, à l'abri de l'action en
indignité. Si, au contraire, on est d'avis que les droits,
résultant de la condamnation, sont véritablement acquis
aux tiers, indépendamment de toute décision de justice, on dira que l'amnistie ne peut, en aucun cas, para-

lyser l'action en indignité. Nous n'hésitons pas à admettre cette dernière opinion. L'amnistie, nous l'avons répété souvent, n'efface que le caractère délictueux des faits prévus. Or, l'action de l'article 727 n'est nullement fondée sur cette considération que l'héritier a enfreint la loi pénale. Autrement, toute condamnation, prononcée contre lui pour un fait quelconque, devrait donner naissance à cette action.

En résumé, on doit interpréter une amnistie, de manière à concilier les intérêts de la société et ceux des individus. A cette seule condition, cette mesure sera bienfaisante. Elle doit être une œuvre de paix et de justice. En lui reconnaissant des effets trop absolus, on risquerait d'en altérer la nature ; on en ferait une mesure injuste, inefficace et redoutée.

---

## SECTION III

### DES EFFETS DE L'AMNISTIE AU POINT DE VUE DES CONSÉQUENCES DISCIPLINAIRES DE L'INFRACTION

SOMMAIRE : Principe : Si la peine disciplinaire est encouru, de plein droit, à la suite de la condamnation pénale, elle disparaît avec celle-ci, par l'effet de l'amnistie. — Si, au contraire, la peine disciplinaire est prononcée dans une instance spéciale, elle subsiste malgré l'amnistie. — Application du principe aux membres de la Légion d'honneur, rayés des cadres de l'Ordre à la suite d'une condamnation. Deux hypothèses distinctes : a). Cas d'une condamnation à une peine correctionnelle ; l'amnistie n'a pas d'effet nécessaire sur la radiation ; b). Cas d'une condamnation à une peine criminelle ; l'amnistie supprime la radiation. — Ce système a le tort de faire une situation plus avantageuse, à ce point de vue particulier, au condamné à une peine criminelle. Ne peut-on pas remédier à cet inconvénient, à l'aide du pouvoir disciplinaire, créé par la loi du 25 juillet 1873 et le décret du 14 avril 1874 ? Controverse.

Les infractions à la loi pénale et les condamnations qui en résultent sont de nature, presque toujours, à porter une atteinte grave à l'honneur et à la dignité du corps auquel appartient l'auteur de l'infraction. La loi a donné à toute corporation, faisant partie de l'organisation publique de l'État, le moyen de maintenir l'autorité morale et le respect qui lui sont dûs, en prononçant, contre ceux de ses membres dont la conduite a été répréhensible, une pénalité disciplinaire, qui vient s'ajouter aux peines déjà prononcées par les tribunaux de répression.

Quelles seront les conséquences de l'amnistie sur ces effets juridiques spéciaux, qu'une condamnation peut produire ?

On serait tenté, au premier abord, de soutenir que la loi d'oubli n'atteindrait qu'imparfaitement son but et ne ferait pas disparaître le souvenir des faits amnistiés, si elle ne restituait pas les droits ou prérogatives dont la privation a été la conséquence de la condamnation encourue. Mais, est-ce que le droit reconnu à une corporation de prendre les mesures nécessaires pour réparer et éviter dans l'avenir le préjudice moral, né de faits délictueux commis par l'un de ses membres, n'est pas, dès le jour de l'infraction, aussi irrévocablement acquis et partant aussi respectable que le droit pour la partie lésée dans ses intérêts matériels d'exiger la réparation du dommage qu'elle éprouve ?

A notre avis, la question que nous nous posons ne peut se résoudre que par une distinction. Si le condamné a été déchu « de plein droit », par l'effet seul de la condamnation pénale, d'une prérogative, d'un avantage qu'il devait à sa qualité de membre d'une corporation ou d'un ordre honorifique, l'amnistie lui rendra ce qu'il avait perdu ; car la fiction légale, qui efface la condamnation, en fait disparaître, en même temps, les conséquences directes et immédiates. Mais, si une instance disciplinaire, indépendante du procès pénal, a été nécessaire pour faire prononcer contre le condamné la déchéance des droits dont il était investi et que le rôle de la juridiction disciplinaire n'ait pas consisté simplement à enregistrer le jugement rendu sur l'action publique, alors l'amnistie n'a plus aucun effet nécessaire sur la pénalité ainsi encourue. Profondément distinctes l'une de l'autre, et par leur nature et par leur objet, l'action publique et l'action disciplinaire ont chacune leurs règles spéciales. Aussi, l'extinction de la première ne saurait-elle logiquement entraîner l'extinction de la seconde.

Nous allons appliquer ces principes dans des hypothèses où nous supposerons que la condamnation amnistiée avait fait perdre au condamné sa qualité de membre de la Légion d'honneur. C'est surtout dans cet ordre d'idées que la jurisprudence a été appelée à statuer sur la question qui nous occupe.

Indiquons d'abord comment un membre de la Légion d'honneur perd cette dignité, à la suite d'une condamnation prononcée contre lui. — S'il est condamné à une peine afflictive et infâmante, ou même seulement infâmante, en d'autres termes, à une peine criminelle, sa radiation des matricules de l'Ordre résulte « de plein droit » du jugement de condamnation. Cela ressort formellement : — de l'article 34 du Code pénal, qui comprend, au nombre des déchéances composant la dégradation civique, la privation du droit de porter aucune décoration [or la dégradation civique est l'accessoire de toute peine criminelle, soit temporaire (art. 28 C. pénal), soit perpétuelle (art. 2 de la loi du 31 mai 1854)] — et, plus spécialement, de l'article 1er du décret du 24 novembre 1852, aux termes duquel la radiation des matricules de l'Ordre a lieu sur le vu de tout jugement, rendu contre un membre de l'Ordre et portant condamnation à une peine criminelle. — En matière correctionnelle, il en est autrement. La condamnation prononcée n'entraîne aucune déchéance « de plein droit » ; mais le chef de l'État, agissant comme chef de l'Ordre, peut, d'après l'article 46 du décret du 16 mars 1852, organique de la Légion d'honneur, suspendre les condamnés de l'exercice de leurs droits et prérogatives et même les exclure de l'Ordre, lorsque « la nature du délit et la gravité de la peine prononcée correctionnellement » paraissent justifier ces mesures. Cette distinction, fondée sur la nature et la gravité des peines prononcées, est d'autant plus importante qu'elle sert de base à la jurisprudence en cette matière.

Supposons d'abord que l'exclusion de l'Ordre ait atteint un individu condamné à une peine correction- nelle, c'est-à-dire, qu'elle ait été prononcée par décret du chef de l'État, à la suite d'une instance disciplinaire. L'amnistie, dont le condamné est appelé à bénéficier, a-t-elle pour effet de le réintégrer, de plein droit, dans sa qualité de membre de la Légion d'honneur ?

La Cour de Paris ne l'a pas admis. Dans un arrêt du 25 avril 1881 (1), elle a décidé qu'une loi d'am- nistie, n'ayant d'autre effet que de relever les amnistiés des incapacités civiles et politiques résultant des condamnations prononcées contre eux, ne saurait infirmer un décret, relatif à une distinction honori- fique, rendu régulièrement par le chef de l'État, sur la proposition du grand chancelier de la Légion d'honneur, et que ce décret subsiste, tant qu'il n'a pas été légalement rapporté. Cette solution nous semble entièrement conforme aux principes que nous venons de poser. L'amnistie efface tout ce qu'à elle seule a produit la condamnation pénale, mais rien que cela. Or, ici, ce n'est pas la condamnation qui a entraîné, par elle-même, l'exclusion de l'Ordre. Il a fallu une ins- tance disciplinaire, entièrement indépendante du procès

(1) Paris, 25 avril 1881, S., 82, 2, 73.

pénal et suivie d'un décret d'exclusion. Par suite, la
pénalité disciplinaire infligée doit rationnellement survivre à l'amnistie.

Si maintenant l'on suppose que le légionnaire amnistié a été condamné à une peine criminelle, qui lui
a fait perdre, de plein droit, sa qualité de membre de
la Légion d'honneur, la solution n'est plus la même
et la déchéance doit disparaître avec la condamnation.

La Cour de cassation a, il est vrai, refusé à l'acte
d'amnistie du 8 mai 1837 l'effet de réintégrer un
condamné à une peine criminelle dans sa qualité de
membre de la Légion d'honneur ; mais, c'était uniquement parce que cette amnistie, qui réservait la
surveillance de la haute police, n'était pas pleine et
entière (1).

Le Conseil d'Etat, dans un arrêt du 13 mai 1881,
s'est prononcé au contraire, et avec raison, dans un
sens favorable aux amnistiés (2). Ici, en effet, aucune
décision disciplinaire n'est intervenue. C'est sur le vu
du jugement répressif que l'exclusion a été prononcée.
Dès lors, à quoi pourrait-on raisonnablement la ratta-
cher, ce jugement étant anéanti par l'amnistie ? Il faut
appliquer l'adage si souvent cité : « *accessorium sequi-*
*tur principale* ».

On objecte que les dispositions, qui règlent la discipline de la Légion d'honneur, sont toutes inspirées

(1) Cass., 16 août 1845, D. P., 45, 1, 399.
(2) Cons. d'Etat, 13 mai 1881, D. P., 82, 3, 97.

par cette idée, qui tient à l'essence même de l'institution, que, pour jouir des droits attachés à la qualité de membre de cet Ordre, il faut n'avoir pas failli à l'honneur. Les condamnations qui entraînent la perte des droits civils et politiques constituent une présomption légale que le condamné a failli à l'honneur. C'est donc à raison de cette présomption et non comme peine accessoire que la radiation des contrôles est opérée. On ajoute que, lorsqu'une peine infâmante est prononcée contre un légionnaire, le président des assises, aussitôt après la lecture de la sentence, prononce cette formule : « Vous avez manqué à l'honneur ; je déclare, au nom de la Légion, que vous avez cessé d'en être membre » (1). Or, dit-on, dans cette formule, la peine prononcée n'est pas même mentionnée : c'est le fait constaté que le condamné a manqué à l'honneur qui entraîne sa radiation et, lorsqu'une constatation de ce genre a eu lieu, n'est-il pas de l'essence même de l'institution d'exiger que la radiation soit irrévocable ?

C'est jouer sur les mots. Si l'on admet l'existence de cette présomption légale d'indignité, il faut reconnaître que, seule, la condamnation a pu l'établir. Celle-ci étant anéantie par l'amnistie, la présomption, qui en était la conséquence, doit logiquement cesser d'exister. Quant à la dégradation, prononcée par le président du

(1) Art. 43 du décret du 16 mars 1852, organique de la Légion d'honneur.

tribunal de répression, on ne doit y voir qu'une simple formule sans importance.

Il y a une objection plus sérieuse que celle que nous venons d'exposer. Dans la doctrine communément acceptée, les amnistiés, condamnés à une peine criminelle, sont, au point de vue de la Légion d'honneur, en meilleure situation que les condamnés à une peine simplement correctionnelle, puisque les premiers recouvrent, en vertu de l'amnistie, leur qualité de membres de la Légion, tandis que la radiation des seconds est maintenue. La distinction, faite par la jurisprudence, produit donc cet effet, à la fois bizarre et injuste, que, dans l'hypothèse d'une amnistie, un membre de la Légion d'honneur sera d'autant plus facilement réintégré dans ses prérogatives qu'il aura été plus coupable.

Aujourd'hui, l'objection a perdu toute son importance. En effet, la loi du 25 juillet 1873 confère au grand chancelier un pouvoir disciplinaire sur les membres de la Légion d'honneur, pour les actes qui ne peuvent être l'objet d'aucune poursuite devant les tribunaux et qui, cependant, portent atteinte à l'honneur de l'Ordre. D'autre part, aux termes du décret du 14 avril 1874, la peine disciplinaire peut alors consister même dans l'exclusion, prononcée par le président de la République, sur le rapport du grand chancelier. Or, le fait couvert par l'amnistie, bien que dépouillé de son caractère délictueux, n'en rentre pas moins, par sa nature, dans la catégorie des faits prévus par ces deux textes. Par suite. un décret du chef de l'Etat, en prononçant à nouveau l'exclusion que l'amnistie avait fait cesser, sera suffisant pour rétablir l'égalité entre légionnaires amnistiés, quelle que soit la condamnation qu'ils aient encourue.

Il est vrai que, d'après certains auteurs, d'après M. Esmein (1) notamment, on ne pourrait faire intervenir ici le pouvoir disciplinaire, créé par la loi de 1873 et le décret de 1874 seulement en vue des actes qui ne peuvent pas être poursuivis devant les tribunaux répressifs. Ces textes ne s'appliqueraient donc qu'aux faits à l'occasion desquels l'action publique n'a jamais pu prendre naissance et l'on ne saurait y soumettre les faits qui pouvaient motiver une poursuite et qui, en fait, en ont entraîné une. D'après ce savant jurisconsulte, le seul moyen d'éviter le résultat peu équitable, que nous avons signalé, serait que la juridiction disciplinaire de l'Ordre, qui a prononcé l'exclusion des condamnés, aujourd'hui amnistiés, accueille favorablement leur demande en réintégration. Mais, pourquoi exclure du domaine de la loi de 1873 les délits amnistiés puisque, par la fiction légale de l'amnistie, qui fait disparaître rétroactivement leur caractère délictueux, ils sont censés n'avoir jamais pu donner lieu à l'action publique ?

(1) Note sur l'arrêt de la Cour de Paris du 25 avril 1881. S., 82, 2, 73.

## APPENDICE

### DE CERTAINS OBSTACLES DE FAIT QUI S'OPPOSENT A LA RÉINTÉGRATION ABSOLUE DE L'AMNISTIÉ DANS SA SITUATION PREMIÈRE

SOMMAIRE : Principe. L'amnistie n'a pas d'effet sur les faits matériels accomplis. — Application du principe aux amnistiés, en matière d'électorat municipal, de pensions de retraites civiles et militaires, de soldes militaires.

C'est un principe généralement admis qu'une fiction légale est impuissante à effacer les faits matériels accomplis et il n'y a pas de raison de ne point l'appliquer à l'amnistie. « *Quod factum est, infectum reddere non potest* ». Il faut dire de cette institution ce qui était admis dans la législation romaine pour le *postliminium*, qui ne pouvait aller jusqu'à effacer les faits accomplis et à rendre au captif les droits qui avaient besoin d'être soutenus par son fait. L'amnistie fera recouvrer *ea quæ in jure consistunt* ; elle ne pourra détruire *ea quæ sunt facti*. Ainsi, à l'égard des droits dont l'existence est subordonnée à l'accomplissement de conditions de fait, l'amnistie n'aura pas pour effet de faire réputer accomplies ces conditions, si l'exécution de la condamnation en a suspendu la réalisation ou l'a rendue impossible. La jurisprudence a eu, plusieurs fois, l'occasion d'appliquer ce principe.

L'article 5 de la loi du 7 juillet 1874, relative à l'électorat municipal, porte : « Sont inscrits sur la liste

» des électeurs, tous les citoyens..... qui sont nés
» dans la commune ou y ont satisfait à la loi du re-
» crutement et, s'ils n'y ont pas conservé leur rési-
» dence, sont venus s'y établir depuis six mois au
» moins...... » Il s'agissait de savoir si un amnistié,
de retour dans la commune qu'il n'avait quittée que
pour exécuter sa peine, devait être considéré, par
l'effet de l'amnistie, comme ne l'ayant pas quittée et
pouvait, par suite, exercer immédiatement les droits
attachés à la résidence par la loi de 1874, droits dont
l'amnistie lui avait rendu la jouissance.

Le Conseil d'Etat a repoussé, à juste titre, cette pré-
tention (1). Aucune fiction de droit ne peut tenir lieu
du fait matériel de la résidence de l'amnistié dans la
commune. On s'étonnera peut-être que l'amnistié qui,
du jour même de l'amnistie, serait éligible à une élection politique ne le soit pas à une élection municipale.
Mais il suffit de remarquer, d'une part, que les conditions d'éligibilité ne sont pas les mêmes dans les deux
cas ; de l'autre, que le défaut de résidence ne sera pas
un obstacle absolu à l'exercice du droit dont il s'agit: la
condition de résidence peut, en effet, être suppléée par
l'inscription au rôle d'une des quatre contributions
directes ou des prestations en nature. Tout ce qu'a
voulu la loi, c'est que le conseiller municipal ait,
soit par la résidence, soit par le paiement d'une con-

(1) Cons. d'Etat, 11 juin 1880, D. P., 81, 3. 101.

tribution, un intérêt direct aux affaires de la commune.

En vertu du même principe, le Conseil d'État a dû écarter plusieurs demandes d'arrérages, formées par des pensionnaires de l'État amnistiés.

Aux termes de l'article 30 de la loi du 9 juin 1853 sur les pensions civiles, les pensions sont rayées des livres du Trésor, après trois années de non réclamation, sans que leur rétablissement donne lieu à aucun rappel d'arrérages antérieurs. Un pensionnaire, qu'une condamnation par contumace a empêché de réclamer les arrérages de sa pension depuis plus de trois ans et qui bénéficie d'une amnistie, pourra-t-il exiger les arrérages non réclamés ? Non, parce que le fait de la non réclamation, bien qu'étant une conséquence indirecte de la condamnation, est un de ces faits matériels qu'une amnistie ne saurait effacer (1).

De même, en ce qui concerne les pensions militaires, l'article 26 de la loi du 11 avril 1831 porte que le droit à la jouissance de ces pensions est suspendu par la résidence hors de France, sans l'autorisation du Gouvernement. Si donc le pensionnaire amnistié a résidé hors de France, à la suite d'une condamnation par contumace, il a irrévocablement perdu ses droits aux arrérages pour toute la période qui s'est écoulée entre la condamnation et son retour (2). L'amnistie est

(1) Cons. d'Ét., 23 janvier 1880, D. P., 80, 3, 63.
(2) Cons. d'Ét., 7 mai 1880, D. P., 81, 3, 7.

impuissante à faire que le titulaire de la pension n'ait pas résidé à l'étranger, sans autorisation, quand même sa fuite ne serait due qu'au désir d'échapper à la peine encourue, maintenant effacée.

C'est encore le même principe qui s'oppose à ce que l'officier, qui a perdu son grade par suite d'une condamnation à une peine afflictive et infâmante et qui y est réintégré par une amnistie, puisse réclamer une solde pour le temps écoulé entre le jour de sa condamnation et la date de l'amnistie. En effet, durant cette période de temps, l'officier n'a occupé aucune des positions qui, aux termes de la loi du 19 mai 1834 (articles 2 et 14), donnent droit à une solde. C'est là un fait matériel que l'amnistie ne peut supprimer. Le Conseil d'État a enfin consacré, dans un arrêt du 13 mai 1881, cette solution (1). Il avait décidé précédemment, dans une ordonnance du 15 octobre 1832, difficile à justifier, que l'officier amnistié devait recevoir la solde de congé, depuis le premier jour des poursuites jusqu'à l'amnistie. Il résulte encore de l'arrêt de 1881 que le laps de temps, compris entre la condamnation et l'amnistie, ne peut compter pour la liquidation de la pension de retraite, laquelle ne peut être calculée que sur les années de services effectifs.

Dans le même ordre d'idées, on doit décider que l'amnistié de retour, qui n'a plus l'âge prescrit pour

(1) Cons. d'Etat, 13 mai 1881, D. P., 82, 3, 99.

prendre part à certains concours, qui ouvrent les écoles du Gouvernement ou les administrations publiques, ne saurait valablement prétendre qu'il doive être considéré, par le fait de l'amnistie, comme ayant encore le même âge qu'au jour de sa condamnation.

# CHAPITRE IV

## DE L'APPLICATION DE L'AMNISTIE

---

SOMMAIRE : Principe. L'exécution des lois d'amnistie appartient à l'autorité administrative. L'interprétation en est réservée à l'autorité judiciaire. — Application du principe : 1° aux individus condamnés et détenus ; 2° aux individus seulement poursuivis ; 3° aux individus qui ne sont pas même poursuivis. — Difficultés pratiques que soulève l'interprétation d'un acte d'amnistie, quant aux faits qui y sont compris, relativement : — 1° à la nature du fait. Difficultés spéciales lorsque l'amnistie est octroyée pour des faits complexes : a) faits relatifs à une révolution ; b) délits politiques ; c) délits de presse ; d) délits forestiers ; — 2° à la date à laquelle le fait a été commis ; les infractions antérieures au vote de la loi d'amnistie doivent seules être couvertes. Application de cette règle : a) aux délits successifs ; b) aux délits collectifs. — Faut-il tenir compte d'un projet de loi d'amnistie ?

Dans les lois d'amnistie, comme dans toutes les lois, il importe de distinguer l'exécution et l'interprétation. L'exécution appartient à l'autorité administrative, c'est-à-dire, aux différents ministres compétents et à leurs agents. L'interprétation est réservée à l'autorité judiciaire. Ce sont là des principes que personne ne conteste. On rencontre, il est vrai, un avis du Conseil d'Etat du 23 juin 1810, destiné à expliquer le décret d'amnistie du 25 mars précédent et à en restreindre les effets. Mais, c'est là un acte qu'il faut attribuer aux abus d'autorité que se permettait le gou-

vernement d'alors ; c'est un précédent qu'un gouvernement constitutionnel ne doit pas suivre et que l'autorité judiciaire ne saurait reconnaître. La même
observation s'applique, d'ailleurs, à la décision impériale du 10 janvier 1870 (1) qui, par dérogation à la
règle que c'est aux tribunaux à décider si une loi
d'amnistie est applicable à telle personne déterminée,
a résolu la question de savoir si M. Ledru-Rollin
devait bénéficier de l'amnistie du 14 août 1869.

Ainsi, ce sont les autorités administratives qui sont
chargées d'appliquer effectivement aux individus, compris dans l'amnistie, les conséquences de cette mesure.
Mais, les décisions administratives ne sont que provi-
soires ; en cas de contestation sur le sens et la portée
d'un acte d'amnistie, les parties intéressées ont le droit
de saisir de leurs réclamations les tribunaux.

Faisons l'application de ces principes successivement
aux individus condamnés, à ceux qui sont poursuivis
au moment de la publication de la loi d'amnistie et
enfin à ceux qui ne le sont pas encore.

Pour les individus condamnés et détenus à raison
des infractions que la loi d'amnistie fait disparaître,
les ministres doivent prescrire aussitôt à leurs subor-
donnés de mettre en liberté ceux qu'ils regardent
comme compris dans l'amnistie. Si ceux qui ont été
exclus, par la décision du ministre ou de ses subor-

(1) D. P., 70, 3, 13.

donnés, estiment que leur exclusion n'est pas justifiée, ils peuvent s'adresser aux tribunaux pour réclamer leur mise en liberté. Le tribunal compétent sera celui qui a prononcé le jugement de condamnation ; il est mieux placé que tout autre pour déterminer la nature de l'infraction ; de plus, c'est un principe que le tribunal qui a rendu une sentence est compétent pour statuer sur tous les incidents que son exécution pourrait faire naître.

S'il s'agit d'individus prévenus ou accusés, les tribunaux sont alors seuls compétents pour décider si l'action publique est éteinte par l'amnistie. La justice ayant été saisie, le ministère public n'a plus le droit d'arrêter la poursuite en retirant sa plainte. Il faut qu'une décision judiciaire intervienne. Ce sera, suivant les cas, une ordonnance ou un jugement. Si l'instruction de l'affaire n'est pas encore terminée, elle sera close par une ordonnance de non-lieu. Si, au contraire, l'affaire a été soumise déjà à la juridiction de répression, un jugement, fondé sur l'amnistie, comme il le serait sur la prescription de l'action publique, renverra le prévenu des fins de la poursuite.

Dans une circulaire du 3 avril 1878, M. Dufaure prescrivait au ministère public, pour les affaires déjà renvoyées à la juridiction répressive, de requérir d'office la radiation du rôle. C'est, sans doute, un procédé plus expéditif, mais il est moins régulier ; il soustrait à l'appréciation des tribunaux la question de savoir si

un fait, dont ils sont saisis, est compris dans un acte
d'amnistie.

Si l'exception d'amnistie est soulevée par un accusé
devant la Cour d'assises, le principe de la séparation
du point de droit et du point de fait, qui sert de base à
la compétence respective de la Cour et du jury, exige
que ce soit la Cour et non le jury qui tranche la question. Il s'agit de qualifier une infraction : c'est là une
question de droit.

Lorsque l'exception d'amnistie est admise par la
Cour, l'accusé doit-il être absous ou acquitté ? Il faut
distinguer. — Le jury a-t-il déjà rapporté un verdict
affirmatif ? C'est l'absolution qui devra être prononcée.
En effet, l'accusé a été déclaré coupable et, s'il n'y a pas
lieu de lui appliquer une peine, c'est uniquement parce
que l'action publique se trouve éteinte (1). Cette hypothèse présente une complète analogie avec le cas prévu
par l'article 364 du Code d'instruction criminelle. Si
le fait, dit ce texte, dont l'accusé est déclaré coupable,
n'est pas défendu par une loi pénale, la Cour doit prononcer l'absolution. De plus, en cas d'acquittement,
un pourvoi en cassation n'est possible que dans l'intérêt de la loi (2). Il semble donc que la théorie op-
posée à celle que nous soutenons aboutirait à soustraire au contrôle de la Cour de cassation l'examen de
la question de savoir si le fait poursuivi est compris

(1) V. GARRAUD, *Précis de Droit criminel*, n° 534.
(2) Art. 409 C. instr. crim.

dans les faits amnistiés, ce qui est manifestement une question de droit. — Si le verdict n'a pas été rendu. il ne peut être question que de l'acquittement, puisque la culpabilité de l'accusé n'a pas encore été déclarée et que l'amnistie s'oppose à ce qu'elle le soit désormais.

Enfin, quant aux individus qui ne sont pas déjà poursuivis au jour où paraît l'amnistie, ou bien le ministère public forme contre eux des poursuites, ou bien il reste inactif. S'il prend le premier de ces deux partis, on retombe dans l'hypothèse précédente et les choses se passent de la même façon. Mais, s'il s'abstient de mettre en mouvement l'action publique, ne peut-on pas dire que c'est le pouvoir exécutif, représenté par le ministère public, qui interprète la loi, et non les tribunaux ? Non. Le dernier mot restera toujours à l'autorité judiciaire, en vertu du droit que l'article 235 du Code d'instruction criminelle et l'article 11 de la loi du 20 avril 1810 donnent aux Cours d'appel d'enjoindre au ministère public d'avoir à poursuivre les personnes qu'elles lui indiqueraient. De plus, comme nous l'avons fait remarquer plus haut, les tribunaux de répression peuvent être saisis directement par la partie lésée (art. 3 et 64 C. instr. crim.), ou sur sa plainte, par ordonnance du juge d'instruction (art. 63 C. instr. crim.).

Ainsi, dans toutes les hypothèses, la solution des difficultés que fait naître l'application d'une amnistie

aux personnes destinées à en bénéficier appartient à
l'autorité judiciaire.

Dans la séance de la Chambre des députés du
22 février 1879, M. Marcou avait proposé un amendement qui portait atteinte au principe de la séparation des pouvoirs : « A propos de toutes les amnis-
« ties, disait-il, il arrive très souvent qu'il s'élève des
« difficultés d'interprétation. Par exemple, le Gou-
« vernement ne veut pas reconnaître que tel ou tel
« individu est compris dans le pardon. Alors qu'arrive-
« t-il ? C'est que les intéressés sont obligés de recourir
« aux tribunaux pour expliquer, interpréter la loi en
« ce qui les concerne. Eh bien ! à la place des tri-
« bunaux j'estime qu'une commission parlementaire
« serait beaucoup plus en situation d'apprécier les
« caractères essentiels, les éléments constitutifs des
« crimes sur lesquels il y a controverse ». On repoussa,
avec raison, cette proposition. Les tribunaux présen-
teront toujours plus de garanties d'indépendance et
d'impartialité qu'une commission parlementaire. D'ailleurs, il importe, pour la sauvegarde des droits individuels, que le pouvoir qui fait la loi ne soit pas chargé
de l'interpréter et de l'appliquer aux cas particuliers.

C'est devant la juridiction criminelle, compétente
avant l'amnistie, et non devant la juridiction civile que
les intéressés devront porter leur action. Comment
sera-elle mise en mouvement ? Aucune loi n'en a
organisé la procédure. En matière correctionnelle, il

semble que l'intéressé pourrait agir par voie de requête, adressée au tribunal ou à la Cour qui l'a condamné. En matière criminelle, ce mode de procéder ne paraît pas possible, les fonctions des juges ne survivant pas à la session d'assises dont ils font partie. Peut-être pourrait-on autoriser le condamné à s'adresser au procureur général, qui saisirait la Cour d'assises dans sa plus prochaine session. Et encore, la plupart du temps, cette procédure présenterait le grave inconvénient d'obliger le condamné à attendre l'ouverture d'une session, à moins que l'on ne recoure pour lui, ce qui paraît inadmissible, à l'ouverture d'une session extraordinaire. Nous n'apercevons pas de solution satisfaisante à cette difficulté pratique. — Si les incapacités, qu'il s'agit de faire disparaître, sont du ressort des tribunaux administratifs, comme en matière d'éligibilité par exemple, ce sont ces tribunaux qui devront être saisis.

Les tribunaux, chargés d'interpréter une amnistie et, plus spécialement, de déterminer si tel fait y est compris en raison de sa nature, doivent se référer d'abord au texte même qui la proclame. Les lois d'oubli, en effet, sont des lois d'exception ; suivant la maxime si souvent répétée « *exceptio non præsumitur* », elles ne sauraient s'étendre par analogie à des infractions que le pouvoir amnistiant n'a pas expressément prévues. La jurisprudence a fait de nombreuses applications de

ce principe (1), en reconnaissant toutefois, avec
raison, qu'une amnistie doit couvrir les faits qui sont
formellement assimilés par d'autres lois à ceux qu'elle
énumère (2). Si le texte manque de précision, les
tribunaux auront à s'inspirer des motifs qui ont dicté
la loi et des caractères propres de l'institution. La
nature et la gravité des faits compris dans l'amnistie,
les circonstances qui ont été la cause de cette mesure,
l'état des esprits, tels sont, entre autres, les éléments
dont il conviendra de tenir compte pour arriver à une
saine interprétation de la loi.

Lorsque l'amnistie est octroyée, en termes généraux,
pour des faits complexes, il est souvent difficile d'en
dégager exactement le sens et la portée.

La jurisprudence, ayant à interpréter les lois du
4 brumaire an IV et du 14 frimaire an V, portant
amnistie pour les faits et délits « purement relatifs à
la Révolution », a déclaré que seuls, les faits, présentant un caractère exclusivement politique, devaient
bénéficier de ces mesures. En conséquence, elle a décidé que ces amnisties comprenaient la provocation
au rétablissement de la royauté, la formation de ras-
semblements armés à l'effet de mettre les riches à

(1) Bordeaux, 3 août 1853, D. P., 53, 2, 239 ; Aix, 26 novembre
1869, D. P., 70. 2, 133 . Caen, 25 novembre 1869, D. P., 70, 2, 184 ;
Cass., 11 juillet 1856, D. P., 56, 1, 347.
(2) Cass., 19 août 1869, D. P., 70, 1, 95 ; Cons. d'Etat, 50 mars
1870, D. P., 71, 3, 32.

contribution, les ordres d'arrestations arbitraires (1) ;
mais qu'elles laissaient en dehors tous les délits prévus
par le Code pénal, même lorsqu'ils présentaient quelques circonstances relatives à la Révolution, comme
les meurtres et les assassinats commis au mois de
septembre de 1792 (2). Nous préférons l'interprétation
plus large, donnée à propos de la loi du 12 janvier
1816, accordant amnistie « à tous ceux qui, directement
ou indirectement, avaient pris part à la rébellion et à
l'usurpation de Napoléon-Bonaparte ». Il fut jugé que
les meurtres ou tentatives de meurtre, commis à l'occasion du retour de Napoléon dans une lutte entre les
royalistes et les partisans de l'empereur, étaient compris dans la loi d'amnistie, nonobstant l'exception
contenue dans l'article 6 de ladite loi et visant les
crimes ou délits contre les particuliers.

Il n'est pas moins malaisé de déterminer l'étendue
d'une amnistie qui déclare couvrir « les délits politiques ». Cela vient de ce que, nulle part, on ne trouve,
indiqué dans la loi, le *criterium* permettant de distinguer sûrement le délit politique du délit de droit
commun : il n'y a pas de définition légale du délit
politique. La Cour de cassation, interprétant l'amnistie
du 14 août 1869, qui visait les « crimes et délits politiques », a décidé, avec raison, que les circonstances,

(1) Cass., 28 floréal an VIII ; 29 ventôse an IX. — Dalloz, Rép.
V° *Amnistie*, n° 52.
(2) Cass., 3 prairial an IV. — Dalloz, Rép. V° *Amnistie*, n° 53.

dans lesquelles certains délits de droit commun sont commis, peuvent leur imprimer le caractère de délits politiques et permettre, en conséquence, qu'ils soient couverts par une amnistie spéciale aux délits politiques (1).

Mais la décision la plus importante sur ce sujet est, sans contredit, la décision impériale du 10 janvier 1870, que nous avons déjà signalée comme constituant une exception au principe que l'interprétation des lois d'amnistie appartient aux tribunaux. Il s'agissait de savoir si l'amnistie du 14 août 1869 pouvait s'appliquer à M. Ledru-Rollin, condamné par contumace à la déportation, en vertu de l'article 89 du Code pénal, comme coupable de participation à un complot suivi d'actes préparatoires ayant pour but d'attenter à la vie de l'Empereur. La décision impériale, rendue sur la proposition du garde des sceaux, répondit affirmativement, en s'appuyant sur les motifs suivants : l'amnistie, accordée pour crimes et délits politiques, ne s'applique pas aux faits délictueux qui accusent une double culpabilité, politique et de droit commun, si, du moins, ce dernier caractère est prédominant, et qui tomberaient sous le coup de la loi pénale ordinaire, s'ils ne se trouvaient pas déjà réprimés par des dispositions édictées pour la défense de la constitution sociale ou politique de l'Etat ; spécialement, elle ne s'appliquerait pas au meurtre ou à l'assassinat politique ;

(1) Cass., 17 décembre 1869, D. P., 70, 1, 191.

mais le complot contre la vie d'autrui, n'étant réprimé que lorsqu'il a été dirigé contre la vie du chef de l'Etat et ne l'étant par conséquent que dans un intérêt exclusivement politique, rentre dans la classe des faits auxquels s'applique l'amnistie politique.

En matière de presse, l'interprétation des actes d'amnistie a aussi donné lieu à de fréquentes difficultés, ayant pour cause les termes vagues de « délits de presse » ou « délits en matière de presse », employés par le législateur. Doit-on restreindre le sens de ces expressions aux délits commis par la voie de la presse proprement dite, c'est-à-dire, au moyen de publications imprimées et périodiques, ou faut-il, au contraire, l'étendre à tous les délits prévus par une loi sur la presse, alors même qu'ils ne seraient pas commis, à proprement parler, par la voie de la presse ?

La jurisprudence, qui paraissait s'être fixée tout d'abord dans le premier sens, en décidant qu'une amnistie pour délits de presse ne devait pas s'étendre aux condamnations pour outrages à la morale publique ou religieuse, commis à l'aide de la parole, ou pour propagation orale d'une fausse nouvelle (1), a enfin adopté définitivement l'interprétation la plus large. Ainsi il a été jugé que l'amnistie du 14 août 1869 comprend même les délits de la parole, prévus et réprimés par les lois sur la presse, notamment, les

(1) Cass., 14 août 1850, D. P., 50, 5, 186 ; Angers, 1ᵉʳ octobre 1869, D. P., 70, 2, 59,

injures et diffamations verbales (1) ; qu'elle s'applique aussi aux poursuites pour colportage d'écrits sans autorisation, dans le cas même où il s'agit d'écrits manuscrits, car la loi du 27 juillet 1849, qui prévoit ce délit, est intitulée loi sur la presse (2). Un arrêt plus récent est venu confirmer cette jurisprudence (3). De ses considérants il résulte formellement qu'une amnistie, accordée à tous les condamnés pour délits de presse, comprend, dans la généralité de ses termes, tous les délits prévus par des lois spéciales sur la presse, « qu'ils aient été commis par la voie de la presse ou par tout autre mode de publication. » Il s'agissait, dans l'espèce, d'un condamné pour outrages à la morale et aux bonnes mœurs par paroles proférées publiquement. Devait-il bénéficier de la loi du 11 juillet 1880 qui visait les crimes et les délits de presse ? La Cour suprême l'a admis sur le fondement que le délit qui lui était imputable était prévu par la loi du 17 mai 1819 sur la presse.

De ce qu'un délit est prévu et réprimé par une loi ou un décret sur la presse, il n'en résulte pas cependant nécessairement, même dans le système admis par la jurisprudence, qu'une amnistie, accordée pour délits de presse, doive le couvrir, si ce fait ne résulte pas de publications écrites ou verbales. Ainsi il a été jugé que le délit d'enlèvement et de dégradation du drapeau

(1) Trib. corr. de Blois, 14 janvier 1870, D. P., 70, 3, 76.
(2) Cass., 12 mai 1870, D. P., 70, 1, 283.
(3) Cass., 5 juin 1883, D. P., 83, 1, 388.

national, bien que puni par l'article 6 du décret du
11 août 1848 « relatif à la répression des crimes et délits
commis par la voie de la presse », n'était pas compris
dans l'article 70 de la loi du 29 juillet 1881, amnistiant
les délits « commis par la voie de la presse ».

Lorsqu'une amnistie, qui a pour objet les délits
forestiers, ne s'explique pas sur le cas où ces délits
auraient été accompagnés de malversations et d'abus
commis dans les coupes de bois par les adjudicataires
ou leurs agents, la question se pose de savoir si l'amnistie leur est applicable. La négative a été invaria-
blement adoptée par la Cour de cassation (1). Sans
doute, il vient s'ajouter ici au délit forestier le fait de
la violation d'un contrat. Mais est-ce une raison suffi-
sante pour restreindre ainsi, en l'absence d'une clause
expresse, l'étendue de la loi d'oubli ? La plupart des
actes d'amnistie préviennent d'ailleurs cette difficulté
d'interprétation par une disposition spéciale, qui exclut
les malversations ou abus commis par les adjudicataires dans l'exploitation de leurs coupes (2).

Pour qu'un fait soit couvert par une amnistie, il ne
suffit pas qu'il appartienne, par sa nature, à la catégorie
des infractions désignées; il faut encore qu'il soit compris dans l'acte de clémence par la date à laquelle il a
été commis.

(1) Cass., 23 novembre 1810, 30 août 1811, 23 mars 1811. Dalloz,
Rép. V° Amnistie, n° 65.
(2) Ordonnances des 28 mai 1825, 8 novembre 1830, 30 mai 1837.
Décret du 15 janvier 1852, article 102.

Il est hors de doute d'abord qu'une amnistie ne s'étend pas aux délits postérieurs à sa publication. Autrement, on encouragerait les crimes en promettant l'impunité à leurs auteurs. Mais c'est une question controversée, en théorie, que celle de savoir s'il faut appliquer, en cette matière, les règles ordinaires sur la promulgation et la publication des lois. En d'autres termes, une loi d'amnistie ne devient-elle efficace qu'au jour où sa promulgation est légalement réputée connue, ce qui justifierait et autoriserait son extension à tous les délits commis jusqu'à cette date, ou, au contraire, doit-on laisser en dehors ceux des délits qui se placent entre le vote de la loi et le jour où elle est rendue exécutoire ?

Nous ne saurions dissimuler nos préférences pour ce second système, surtout lorsque le droit d'amnistie est réservé au pouvoir législatif. Par la rapidité de plus en plus grande des communications, par l'importance et la longueur des discussions parlementaires, une loi d'amnistie sera certainement portée à la connaissance du public avant sa publication officielle. Eh bien ! si la loi d'amnistie pouvait embrasser les faits perpétrés dans l'intervalle de sa date à sa publication, les personnes qui en connaîtraient l'existence par des voies non légales seraient comme encouragées à commettre le délit par l'assurance certaine de l'impunité ! — La nature des lois d'amnistie fournit un autre argument des plus sérieux. Ces sortes de lois n'imposent aux citoyens ni obligation, ni prohibition ; partant, elles ne sont pas susceptibles d'être violées par eux. Pourquoi, dès lors, les soumettre à des règles dont le seul but est de fixer, d'une manière uniforme et équitable, le moment où une loi devient obligatoire et où la violation peut en être sanctionnée par une peine ?

La jurisprudence est fixée en ce sens. La Cour de cassation a même décidé qu'une amnistie, bien qu'accordée, en termes formels, pour les délits « antérieurs à sa publication », n'était applicable qu'aux délits antérieurs au jour du vote de la loi (1). C'est peut-être aller un peu loin. Il faudrait supposer, suivant la remarque de M. le procureur général Dupin (2), que les auteurs d'un tel acte d'amnistie ne connaissent pas la valeur des mots qu'ils emploient, à moins qu'on ne veuille soutenir que le terme de « publication », dès qu'il est inséré dans une loi d'amnistie, perd son sens ordinaire pour ne plus désigner que la date du jour où une loi est votée (3).

Ainsi il est de principe que les infractions antérieures au jour du vote de la loi d'amnistie sont seules

(1) Cass., 20 avril 1833 ; 17 août 1838 ; 17 juillet 1839. — Dalloz, Rép. V° *Amistie*, n° 79.

(2) Conclusions devant la Cour de cassation, dans une affaire où il s'agissait d'interpréter l'amnistie du 30 mai 1837 accordée en termes formels pour « délits antérieurs à sa publication ».

(3) Très souvent, pour éviter les difficultés de cette sorte, le texte de la loi indique la date à laquelle les effets de l'amnistie s'arrêtent. V. lois des 2 avril 1878, 11 juillet 1880, 29 juillet 1881, art. 70, 19 juillet 1889.

couvertes. L'application de cette règle aux délits successifs et aux délits collectifs soulève certaines difficultés.

Un délit est dit successif ou continu, quand il est susceptible, même après son premier accomplissement, de se prolonger sans interruption, pendant un temps plus ou moins long, en d'autres termes, quand le fait qui le constitue peut se prolonger identique à lui-même pendant un temps indéfini : telle, une séquestration illégale. Si un délit de cette nature a commencé avant le vote de l'amnistie et s'est continué depuis, jouira-t-il, au moins en partie, du bénéfice de cette mesure ? Non ; car ce n'est pas un délit antérieur au vote de la loi d'amnistie puisque, d'une part, l'état permanent de criminalité, qui le constitue, n'a pas cessé à ce jour et que, d'autre part, les faits successifs dont il se compose ne sont pas susceptibles d'être isolés les uns des autres.

Il faudrait donner une solution différente pour le délit collectif ou d'habitude, qui résulte d'actes dont chacun pris isolément est impuni mais qui deviennent punissables dès qu'ils sont réitérés. Si les faits postérieurs à la loi d'amnistie ne suffisaient pas, à eux seuls et sans leur réunion avec les faits commis avant cette date, pour constituer un délit de ce genre, ils seraient implicitement couverts par l'amnistie et le délit serait effacé. Ainsi, l'ordonnance d'amnistie du 2 mars 1838, rendue en faveur des gardes nationaux de la ville de Nantes, ayant disposé que les manquements au service, antérieurs à ladite ordonnance, ne pourraient être l'objet d'aucune poursuite, il a été décidé qu'un conseil de discipline ne pouvait se fonder sur un premier refus de service antérieur à l'ordonnance. suivi d'un second manquement postérieur, pour prononcer la peine de l'emprisonnement qui n'est applicable qu'à un double refus de service (1).

En général, le domaine de l'amnistie n'est pas limité dans le passé. D'après le projet primitif de la loi du 2 avril 1878, les délits, commis antérieurement au 16 mai 1877, ne devaient pas bénéficier de l'amnistie. Mais cette restriction ne fut pas admise. Il fut établi cependant dans cette loi, pour des raisons tirées de la comptabilité publique, une limitation à l'égard de la restitution des amendes déjà acquittées. On ne permit aux intéressés de réclamer cette restitution que si l'amende avait été versée pendant l'année 1877. Une limitation analogue, toujours en ce qui concerne la restitution des amendes déjà acquittées, se retrouve, sans doute pour les mêmes raisons, dans l'amnistie du 29 juillet 1881.

Il paraît presque superflu de faire remarquer que la présentation d'un projet d'amnistie ne saurait autoriser aucune suspension, ni dans les poursuites, ni dans l'exécution des jugements. Il a été jugé, notamment, qu'elle ne peut motiver la remise à un jour ulté-

(1) Cass.. 21 septembre 1838. Dalloz. Rép. V° *Amnistie*, n° 92.

rieur du jugement de la prévention d'un délit auquel la loi, non encore votée, s'appliquerait, alors même que cette remise serait demandée par le ministère public, s'il y a en cause une partie civile s'opposant au sursis (1). En droit, cette dernière circonstance ne devait avoir aucune influence sur la solution. Peu importe qu'il y ait ou non une partie civile en cause. Il ne peut être question d'une amnistie, tant qu'elle n'a pas été votée. En fait, toutefois, il est bien permis de supposer que, s'il n'y avait pas eu de partie civile, le sursis eût été, sans difficulté, accordé au ministère public qui le sollicitait. On peut s'étonner qu'au moment où un projet d'amnistie était présenté aux Chambres par le Gouvernement, pour les délits de presse commis depuis le 16 mai 1877, le garde des sceaux ait adressé aux procureurs généraux une circulaire dans laquelle il disait : « La présentation de ce projet de loi doit avoir pour effet de suspendre toute exécution de condamnation prononcée et toute poursuite suivie en vertu des lois spéciales sur la presse (2) ».

(1) Chambéry, 10 janvier 1878, D. P., 78, 5, 34.
(2) Circulaire du 24 décembre 1877.

Vu :
Le Président de la thèse :
A. LE POITTEVIN.

Vu :
Le Doyen,
GARSONNET.

Vu et permis d'imprimer :
Le Vice-Recteur de l'Académie de Paris,
GRÉARD.

# TABLE DES MATIÈRES

www.ingramcontent.com/pod-product-compliance
Lightning Source LLC
Chambersburg PA
CBHW050121210326
41519CB00015BA/4059